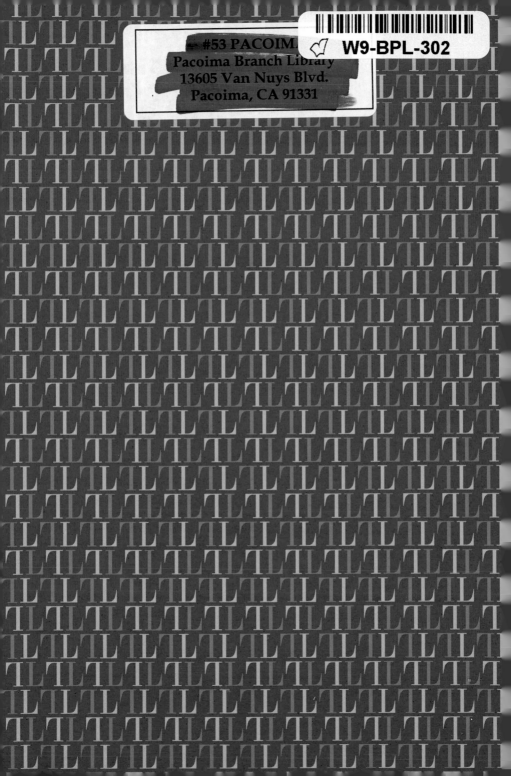

El origen de los otros

El origen de los otros

Toni Morrison

Prólogo de
Ta-Nehisi Coates

Traducido del inglés por
Carlos Mayor

Lumen

narrativa

Papel certificado por el Forest Stewardship Council®

MIXTO
Papel procedente de
fuentes responsables
FSC® C117695

Título original: *The Origin of Others. The Charles Eliot Norton Lectures, 2016*

Primera edición: septiembre de 2018

© 2017, Toni Morrison
© 2018, Penguin Random House Grupo Editorial, S. A. U.
Travessera de Gràcia, 47-49. 08021 Barcelona
© 2017, Ta-Nehisi Coates, por el prólogo
© 2018, Carlos Mayor Ortega, por la traducción

Printed in Spain – Impreso en España

ISBN: 978-84-264-0546-3
Depósito legal: B-10902-2018

Compuesto en M. I. Maquetación, S. L.
Impreso en Egedsa
Sabadell (Barcelona)

H 4 0 5 4 6 3

Penguin
Random House
Grupo Editorial

Prólogo
de Ta-Nehisi Coates

En la primavera de 2016, Toni Morrison pronunció un ciclo de conferencias en la Universidad de Harvard sobre «la literatura de la pertenencia». No es de sorprender, dada la naturaleza de su extraordinaria producción, que se concentrara en el tema de la raza. Las charlas de Morrison tuvieron lugar en un momento favorable. Por aquel entonces, Barack Obama enfilaba el último año de su segundo mandato como presidente de Estados Unidos. El movimiento insurgente Black Lives Matter ('Las vidas negras tienen importancia') había logrado llevar la brutalidad policial a la primera línea del debate público en Estados Unidos y, en contraste con la mayor parte de las «conversaciones sobre la raza», en aquel caso se estaban obteniendo resultados. Los dos fiscales generales de Obama, Eric Holder y Loretta Lynch, ambos negros, habían iniciado investigaciones en departamentos de policía de todo el país. Se habían conocido informes sobre Ferguson, Chicago y Baltimore que corroboraban la existencia de un racismo sistémico durante mucho tiempo relegado en su mayor parte al terreno de la anécdota. Se esperaba que esa enérgica actuación prosiguiera cuando por primera vez llegara a la presidencia de Estados Unidos una mujer, Hillary Clinton, quien, en el momento en que Morrison inició el ciclo de conferencias, estaba muy bien situada frente a un hombre al que el mundo consideraba un adversario político de poca monta. Todo ello era buen reflejo de un país que estaba resuelto a poner en tela de juicio los preceptos de la historia y que por fin se acercaba al extremo del largo arco del universo moral en el que se hallaba la justicia.

Y entonces el arco se alargó.

La primera reacción ante la victoria de Donald Trump fue restar trascendencia a lo que de ella se colegía sobre el racismo en Estados Unidos. Una serie de personas se dedicaron a afirmar que las elecciones de 2016 habían sido un levantamiento populista contra Wall Street instigado por quienes habían quedado fuera de la nueva economía. Se aseguraba que la perdición de Clinton había sido centrarse en una «política identitaria». Con frecuencia, esos argumentos encerraban en sí mismos el germen de su propia invalidación. Nadie explicaba por qué justo quienes quedaban más a menudo al margen de esa nueva economía (los trabajadores de piel negra o marrón) nunca acababan en las filas de Trump. Es más, algunos de los mismos que criticaban la «política identitaria» de Clinton no tenían empacho en emplear personalmente esa misma política. Al senador Bernie Sanders, contrincante de Clinton en las primarias, se le oía ensalzar sus raíces de miembro de la clase trabajadora blanca una semana y exhortar al Partido Demócrata a «superar» la política identitaria a la siguiente. Al parecer, no todas las políticas identitarias nacen con los mismos derechos.

El origen de los otros, el nuevo libro de Morrison surgido del ciclo de conferencias pronunciadas en Harvard, no trata directamente el ascenso de Donald Trump, pero resulta imposible leer sus opiniones sobre la pertenencia, sobre quién cabe bajo el paraguas de la sociedad y quién no, sin contemplar el momento que vivimos. *El origen de los otros* indaga en el terreno de la historia estadounidense, de modo que se aboca a su ejemplo más antiguo y más potente de política identitaria: la del racismo. Estamos ante una obra sobre la creación de forasteros y el levantamiento de barreras, una obra que recurre a la crítica literaria, la historia y la autobiografía con el propósito de comprender cómo y por qué hemos llegado a relacionar esas barreras con la pigmentación de la piel.

El libro de Morrison se suma a un corpus de obras que ha evolucionado a lo largo del último siglo para argumentar con determinación la naturaleza indeleble del racismo blanco. Entre los confederados de la autora están Sven Beckert y Edward Baptist, quienes han dejado al descubierto la naturaleza violenta de ese racismo y los beneficios que genera; James McPherson y Eric Foner, quienes han revelado que ese racismo engendró la guerra de Secesión y después socavó los esfuerzos del país por reconstruirse; Beryl Satter y Ira Katznelson, quienes han explicado cómo el racismo pervirtió el New Deal, y Kahlil Gibran Muhammad y Bruce Western, quienes han demostrado que, en nuestros días, ese racismo ha allanado el terreno para la época de la encarcelación generalizada.

No obstante, el pariente más cercano de la obra de Morrison es probablemente *Racecraft*, el libro de Barbara Fields y Karen Fields que sostiene que los estadounidenses han pretendido borrar el delito del racismo, que es algo activo, mediante el concepto de raza, que no lo es. Al hablar de «raza» en contraposición a «racismo», cosificamos la idea de que la raza es de algún modo una característica del mundo natural, y el racismo, su resultado previsible. A pesar de que se ha acumulado un corpus de estudios que demuestra que esa formulación es antitética, que el racismo antecede a la raza, los estadounidenses aún no acaban de darse por enterados. En consecuencia, acabamos hablando de «segregación racial», de «brecha racial», de «división racial», de «actuación policial con sesgo racial» y de «diversidad racial», como si todos esos conceptos se cimentaran en algo que escapara a nuestra creación. Las repercusiones no son desdeñables. Si la «raza» es obra de los genes o de los dioses, o de ambos, podemos perdonarnos por no haber enmendado nunca el problema.

El análisis de Morrison parte de una premisa menos cómoda que sostiene que la raza solo tiene una relación tangencial con los genes. A partir de ahí, la autora nos ayuda a comprender cómo una idea que parece tan endeble ha podido prender con tanta fuerza en millones de personas. La necesidad de confirmar la propia humanidad al tiempo que se cometen actos inhumanos es determinante, defiende Morrison, que examina lo relatado por el hacendado Thomas Thistlewood, quien en sus diarios dejó constancia de sus violaciones en serie de mujeres esclavizadas con toda la tranquilidad de quien detalla el esquileo de las ovejas. «Intercaladas entre las actividades sexuales están sus notas sobre los cultivos, las faenas agrícolas, las visitas, las enfermedades, etcétera», leemos en el relato escalofriante de la autora. ¿Qué clase de labor psicológica tuvo que hacer Thistlewood para volverse tan insensible ante las violaciones? Una labor psicológica de alterización que lo convenciera de la existencia de algún tipo de línea de separación natural y divina entre esclavizador y esclavizado. Tras analizar las palizas despiadadas que recibe a manos de su ama una esclavizada Mary Prince, Morrison dice:

La necesidad de representar a los esclavos como una especie extraña se antoja un intento desesperado de confirmar la normalidad del propio yo. El apremio por distinguir entre los que pertenecen a la raza humana y los que no son en absoluto humanos es tan intenso que el foco se aparta para iluminar no al objeto de la degradación, sino a su creador. Aun suponiendo exageración por parte de los esclavos, la sensibilidad de sus propietarios resulta bárbara. Es como si gritaran: «¡No soy una bestia! ¡No soy una bestia! ¡Torturo a los indefensos para demostrar que no soy débil!». El peligro de compadecer al forastero es la posibilidad de convertirse en él. Perder el rango racializado es perder la diferencia que uno tanto valora y atesora.

La autora se refiere a esclavizadores y esclavizados, pero lo que dice sobre el rango sigue vigente hoy en día. En los últimos años hemos sido testigos de una sucesión constante de vídeos en los que aparecían policías estadounidenses apaleando, inmovilizando con pistolas paralizantes, asfixiando y disparando a personas negras por infracciones relativamente leves o inexistentes. Los afroamericanos, así como muchos otros estadounidenses, se han escandalizado. Y sin embargo, el lenguaje de la justificación ha resultado familiar. Cuando el agente Darren Wilson mató a Michael Brown, declaró que parecía que el joven «se preparaba para correr entre las balas», un hecho que lo convertía en algo más que humano o, en última instancia, en algo menos. El aspecto infrahumano de aquel homicidio se reforzó con la decisión de dejar que el cadáver de Brown se cociera en el asfalto en pleno verano. Presentarlo como una especie de monstruo justifica su asesinato y permite que un grupo de policías que (según el informe del Departamento de Justicia) eran poco más que gánsteres se consideren legitimados, se consideren perfectamente humanos.

La deshumanización racista no es meramente simbólica, sino que traza las fronteras del poder. «La raza —escribe la historiadora Nell Painter— es una idea, no un hecho.» En Estados Unidos, la idea de la raza se basa en parte en que ser blanco reduce de forma automática las posibilidades de morir como Michael Brown, Walter Scott o Eric Garner. Y la muerte es tan solo el ejemplo superlativo de lo que significa vivir como el «Otro», existir al otro lado de la frontera de una gran «pertenencia». La «angustia económica» que en teoría lanzó a los votantes a los brazos de Donald Trump representaría un progreso considerable para la mayoría de los negros. En las primarias del Partido Republicano, los ingresos por hogar de los votantes de Trump eran aproximadamente el doble de los ingresos de la familia negra media estadounidense. La actual oleada de solidaridad frente a una epidemia de opioides básicamente (aunque no del todo) blanca no es de la misma naturaleza que la oleada de condena generalizada durante la crisis del crack de los años ochenta. La actual oleada de preocupación ante el aumento de la mortalidad entre determinados hombres blancos no es de la misma naturaleza que la apatía resignada que acompaña a las altas tasas de mortalidad que siempre han pesado sobre los negros de este país.

El racismo tiene importancia. Ser el Otro en este país tiene importancia, y lo cierto y lo desalentador es que es probable que siga teniéndola. Las comunidades humanas pocas veces ceden privilegios por puro altruismo, de modo que el único mundo en el que uno puede imaginarse que los abanderados de la blancura renuncien a esa religión es aquel en el que los privilegios que comporta resulten un lujo que difícilmente puedan permitirse. Hemos visto momentos así en la historia de Estados Unidos. Una guerra civil prolongada llevó a los blancos a concluir que los negros estaban capacitados para morir en sus filas. Una guerra fría contra la Unión Soviética convirtió el Sur de las leyes de segregación racial de Jim Crow en motivo de vergüenza a escala mundial y en excelente moneda propagandística para los enemigos del país. Y el Gobierno de George W. Bush, el atolladero de la guerra en dos frentes, una economía en caída libre y el fracaso absoluto de la administración federal tras el paso del huracán Katrina allanaron el terreno para la llegada de nuestro primer presidente negro. En todos esos casos surgió una oleada de esperanza, una sensación de que de algún modo el país había triunfado sobre la historia. Y en todos esos casos la esperanza acabó frustrándose.

Para comprender por qué volvemos a encontrarnos en esta situación tenemos la fortuna de contar con Toni Morrison, que se encuentra entre los mejores escritores y pensadores que ha dado Estados Unidos. Su obra está arraigada en la historia y extrae belleza de algunas de sus manifestaciones más atroces. Y como esa belleza no es fantasía, no debería sorprendernos que la autora se sitúe entre quienes entienden el dominio ejercido por la historia en todos nosotros. *El origen de los otros* habla largo y tendido sobre ese proceso de entendimiento y, si bien no ofrece una escapatoria inmediata a la opresión del pasado, es de gran ayuda para confrontar el germen de dicha opresión.

1
Idealizar la esclavitud

Mi hermana y yo aún jugábamos en el suelo, así que debió de ser en 1932 o 1933 cuando nos enteramos de que estaba a punto de llegar. Millicent MacTeer, nuestra bisabuela. Toda una leyenda a la que se citaba con frecuencia. La idea era que visitara a todos los parientes que residían en el barrio. Vivía en Michigan y tenía mucho predicamento como comadrona. Su visita a Ohio se esperaba desde hacía mucho, porque se la consideraba la matriarca sabia, incuestionable y majestuosa de la familia. La majestuosidad quedó clara cuando hizo su entrada y sucedió algo que yo no había visto en la vida: sin que nadie les dijera nada, todos los hombres se levantaron.

Por fin, después de una ronda de visitas a otros parientes, se había presentado en la sala de estar de casa. Alta, con la espalda bien recta, apoyándose en un bastón que desde luego no necesitaba, saludó a mi madre. A continuación, mirándonos a mi hermana y a mí, que jugábamos o simplemente estábamos sentadas en el suelo, arrugó la frente, nos señaló con el bastón y dijo: «Estas niñas están adulteradas».

Mi madre protestó (enérgicamente), pero el daño ya estaba hecho. La bisabuela era negra como el alquitrán y mamá sabía muy bien a qué se refería: sus hijas, y por ende nuestra familia más inmediata, estaban mancilladas, eran impuras.

Descubrir a tan temprana edad (o que te lo enseñen cuando no sabes nada) en qué consiste ser inferior por ser Otro no me impresionó en aquel momento, supongo que porque era extraordinariamente arrogante y rebosaba devoción por mí misma. Estar «adulterada» me pareció exótico en un primer momento, como si fuera algo deseable. Cuando mi madre plantó cara a su propia abuela, quedó claro que estar «adulterada» en realidad significaba ser inferior, cuando no Otro por completo.

No resulta fácil encontrar descripciones de diferencias culturales, raciales y físicas que tengan en cuenta la otredad y al mismo tiempo estén exentas de categorías de valía o rango. Muchas de las descripciones textuales/literarias de la raza, por no decir la mayoría, van de lo malicioso, lo matizado, a lo «demostrado» seudocientíficamente. Y todas incluyen justificaciones y pretensiones de exactitud para corroborar su predominio. Estamos al tanto de estrategias de supervivencia en el mundo natural: distracción/sacrificio para proteger el nido; caza en manada/búsqueda de alimento sin planificación.

No obstante, los seres humanos, como especie avanzada que es, tenemos tendencia a aislar a quienes no forman parte de nuestro clan y a considerarlos enemigos, seres vulnerables y deficientes que requieren control, y esa tendencia viene de lejos y no se limita al mundo animal ni al hombre prehistórico. La raza ha sido un criterio constante de diferenciación, lo mismo que la riqueza, la clase y el sexo, tres categorías determinadas por el poder y la necesidad de control.

Tan solo hace falta leer el planteamiento eugenésico del médico y esclavista sureño Samuel Cartwright para comprender hasta qué extremos puede llegar la ciencia, cuando no la política, para documentar la necesidad de controlar al Otro.

«De acuerdo con leyes fisiológicas inalterables —escribe en su *Informe sobre las enfermedades y las peculiaridades físicas de la raza negra* (1851)—, las facultades intelectuales de los negros, por regla general y con escasas excepciones, solo pueden despertarse en un grado suficiente para recibir cultura moral, y aprovechar la instrucción religiosa o de otro tipo, cuando se someten a la autoridad forzosa de un blanco. [...] Por su indolencia natural, a no ser que exista el estímulo de la coacción, pasan la vida adormilados, con la capacidad de los pulmones para recibir aire atmosférico apenas a la mitad, debido a la falta de ejercicio. [...] La sangre negra distribuida al cerebro encadena la mente a la ignorancia, a la superstición y a la barbarie, y cierra la puerta a cal y canto a la civilización, a la cultura moral y a la verdad religiosa.» El doctor Cartwright identificaba dos enfermedades, una de las cuales denominó «drapetomanía, o el mal que empuja a los esclavos a fugarse». La otra la diagnosticó con el nombre de «disestesia etiópica», una especie de letargo mental que provocaba que el negro fuera «como una persona medio dormida» (lo que los esclavistas llamaban más comúnmente «bribonería»). Cabe preguntarse por qué, si esos esclavos suponían tal carga y tal amenaza, se compraban y se vendían con tanto afán. Y por fin descubrimos las ventajas que ofrecen: el «ejercicio» forzoso, «tan beneficioso para el negro, se consagra a cultivar [...] algodón, azúcar, arroz y tabaco, que, de no ser por su esfuerzo, [...] quedarían sin cultivar, con lo que el mundo se perdería sus productos. Ambas partes salen ganando, el negro tanto como su amo».

Esas observaciones no eran opiniones informales. Se publicaron en la revista científica *New Orleans Medical and Surgical Journal*. Se defendía que los negros eran útiles; no exactamente como el ganado, pero tampoco claramente humanos.

Casi todos los grupos de la Tierra (con o sin poder) han recurrido a diatribas similares para imponer sus creencias mediante la construcción del Otro.

Uno de los propósitos del racismo científico es identificar a un intruso para definirse a uno mismo. Otra posibilidad es mantener (e incluso disfrutar) la propia diferencia sin desdeñar la diferencia categorizada del alterizado. La literatura es especial y manifiestamente relevadora al exponer/considerar la definición de uno mismo, ya sea condenando o respaldando la forma de alcanzarla.

¿Cómo se llega a ser racista, sexista? Dado que nadie nace racista y no hay predisposición alguna fetal al sexismo, se aprende a alterizar no mediante la prédica o la instrucción, sino mediante el ejemplo.

Es probable que, para los vendedores en la misma medida que para los vendidos, estuviera universalmente claro que la esclavitud era una condición inhumana, si bien lucrativa. Desde luego, los vendedores no querían ser esclavizados; los comprados con frecuencia se suicidaban para evitarlo. Entonces ¿cómo funcionaba? Uno de los sistemas que tenían los países para consentir la degradación de la esclavitud era la fuerza bruta; otro era idealizarla.

En 1750, un joven inglés de clase alta, un segundogénito que probablemente no podía heredar según las leyes de la primogenitura, partió en busca de fortuna, primero como capataz y luego como propietario de esclavos y de su propia plantación de azúcar en Jamaica. Se llamaba Thomas Thistlewood, y Douglas Hall ha investigado y documentado de manera minuciosa su vida, sus hazañas y sus ideas en un libro publicado por Macmillan en la colección de textos académicos Warwick University Caribbean Studies y más tarde reeditado por la University of the West Indies Press. El volumen, que comprende extractos de los documentos de Thistlewood junto con comentarios de Hall, apareció en 1987 con el título de *In Miserable Slavery*. Al igual que Samuel Pepys, Thistlewood llevó un diario meticuloso y detallado: un diario sin reflexiones ni demasiados juicios, sin nada más que datos. Sucesos, encuentros con otras personas, el tiempo, negociaciones, precios, pérdidas, cosas que o bien le interesaban o bien se sentía en la necesidad de consignar. No tenía intención de publicar ni mostrar la información que anotaba. Una lectura de sus diarios revela que, como sucedía a la mayoría de sus compatriotas, su compromiso con el *statu quo* era incondicional. No cuestionaba la moralidad de la esclavitud ni el lugar que ocupaba él mismo en el entramado. Se limitaba a existir en el mundo tal como lo había encontrado y a dejar constancia de ello. Y es precisamente eso, su alejamiento de los juicios morales, algo en absoluto atípico, lo que arroja luz sobre la aceptación de la esclavitud. Entre los pasajes íntimos de sus exhaustivas anotaciones hay detalles de su vida sexual en la plantación (que no difieren de sus proezas de juventud en Inglaterra, en su mayor parte fortuitas).

Consignaba la hora del encuentro, su nivel de satisfacción, la frecuencia del acto y, en especial, dónde tenía lugar. Al placer evidente se sumaban la paz y el bienestar derivados del control. No había ninguna necesidad de seducción, ni siquiera de conversación; se trataba de simples anotaciones entre otras relativas al precio de la caña de azúcar o a una negociación sobre la harina llevada a buen puerto. En contraste con sus registros comerciales, Thistle-wood escribía sus actividades carnales en latín: *Sup. Lect.* en lugar de «en la cama»; *Sup. Terr.* en lugar de «en el sue-lo»; *In Silva* en lugar de «en el bosque»; *In Mag.* o *Parv. Dom.* en lugar de «en la habitación grande» o «pequeña», y cuando no quedaba satisfecho, *Sed non bene.* Hoy en día supongo que hablaríamos de violaciones; en aquella época se llamaba derecho de pernada. Intercaladas entre las acti-vidades sexuales están sus notas sobre los cultivos, las fae-nas agrícolas, las visitas, las enfermedades, etcétera.

En un momento dado de una anotación del 10 de sep-tiembre de 1751 dice: «Hacia 10 1/2 de la mañana. *Cum* Flora, una congo, *Super Terram* entre las cañas, por encima del inicio del muro, a mano derecha del río, hacia el terri-torio de los negros. Ella había ido a buscar berros. Le he dado 4 *bitts*». Al día siguiente, a primera hora de la maña-na, escribe: «Hacia las 2 de la madrugada. *Cum* muchacha negra, *super* suelo, al pie septentrional de la cama, en el salón este, "desconocida"». En una anotación del 2 de ju-nio de 1760 señala: «Limpiado el terreno, tirados los aros de madera, extraída tierra del estanque, etc. Por la tarde, *Cum* L. Mimber, *Sup. Me Lect.*».

Distintos, pero no menos reveladores, son los intentos literarios de «idealizar» la esclavitud, de hacerla aceptable e incluso preferible, humanizándola y hasta venerándola. En última instancia, el control, benigno o codicioso, podría no ser necesario. ¿Lo ven?, les dice Harriet Beecher Stowe a sus (blancos) lectores. Tranquilícense, les recomienda. Los esclavos se controlan solos. No tengan miedo. Lo único que quieren los negros es servir. El instinto natural del esclavo, da a entender, tiende a la amabilidad; y ese instinto solo lo trastocan los blancos despiadados que, como el esclavista de *La cabaña del tío Tom*, Simon Legree (nacido en el Norte, lo cual es significativo), los amenazan y los maltratan. El miedo y el desdén que pueden sentir los blancos, germen de la brutalidad, son, insinúa la autora, injustificados. Casi. Casi. Sin embargo, en la novela tenemos indicios del miedo de la propia Stowe; una especie de protección literaria, por así decirlo. O tal vez sencillamente se muestra sensible a la aprensión del lector. Por ejemplo, ¿cómo se penetra sin peligro en el Espacio Negro en el siglo XIX? ¿Se llama a la puerta y se entra, sin más? Si no se va armado, ¿de verdad se puede entrar? Bueno, incluso un jovencito inocente como el señorito George, que va a visitar al tío Tom y a la tía Chloe, requiere señales favorables y exageradas de bienvenida, de seguridad. La vivienda de Tom es una humilde choza, pequeña y pegada a la casa del amo. No obstante, para Stowe la entrada del joven blanco exige señales evidentes de falta de peligro. En consecuencia, la autora la describe como algo exageradamente atractivo:

> La cabaña del tío Tom [...] tenía una huerta pulcra delante donde en verano medraban, con esmerados cuidados, fresas, frambuesas y abundantes frutas y verduras.

Toda la parte delantera estaba cubierta por una gran big-
nonia escarlata y una rosa de pitiminí que, enroscándose y
entrelazándose, apenas dejaban vislumbrar los ásperos
troncos de la fachada. También en verano multitud de
vistosas plantas anuales, como caléndulas, petunias y don-
diegos de noche, encontraban un rincón donde desplegar
su esplendor.*

La belleza natural que tanto se esfuerza por describir Stowe
es elaborada, acogedora, seductora y excesiva.

Una vez en el interior de la diminuta cabaña de troncos, donde la tía Chloe cocina y organiza a todo el mundo,
y después de los chismes y los cumplidos de rigor, se sientan
todos a comer. La excepción son los niños, Mose y Pete, a los
que la tía Chloe da de comer debajo de la mesa, en el suelo.
Les tira bocados por los que deben pelearse.

Se retiraron George y Tom a un banco cómodo junto a la
chimenea mientras la tía Chloe, después de hacer una buena cantidad de bollos, colocó a la nena en su regazo y co-

---

* Harriet Beecher Stowe, *La cabaña del tío Tom*, traducción de Elizabeth
Power, Madrid, Cátedra, 1998, p. 159.
  En algunas de las citas de obras publicadas anteriormente en español se
han rectificado errores y omisiones. También se ha unificado a lo largo de todo
el libro la traducción del término inglés *nigger* por el español «moreno», que,
sin ser equivalente en la totalidad de los casos, no presenta problemas diacróni-
cos y ha sufrido variaciones en su carácter peyorativo a lo largo de la historia, lo
mismo que *nigger*. *(N. del T.)*

menzó a llenar de bollos la boca de esta y la suya propia y a distribuir otros a Mose y a Pete, que parecían preferir tomárselos mientras rodaban por el suelo debajo de la mesa, haciéndose cosquillas y tirándole de los pies al bebé de vez en cuando.

—Dejadlo ya, ¿queréis? —dijo la madre, dando patadas bajo la mesa de cuando en cuando, cada vez que el revuelo se hacía excesivo—. ¿No sabéis comportaros cuando vienen los blancos a veros? Callad ya, ¿queréis? ¡Más vale que andéis con cuidado u os enteraréis de quién soy yo cuando se marche el señorito George!*

En mi opinión, se trata de una escena extraordinaria: ¿el joven amo se ha declarado ahíto y la mujer, una madre esclava, sostiene en brazos a su hija pequeña y va dándole de comer mientras come ella misma, al igual que su «marido», pero también tira comida al suelo de tierra para que sus otros dos hijos se peleen por ella? Una escena curiosa concebida para entretener, creo, y garantizar al lector que no hay nada peligroso en esa atmósfera, para decirle que es incluso divertida y, sobre todo, amable, generosa y sumisa. Estamos ante pasajes delimitados con cuidado, concebidos para tranquilizar al lector blanco temeroso.

Harriet Beecher Stowe no escribió *La cabaña del tío Tom* para que lo leyeran Tom, la tía Chloe ni ningún otro negro.

* *Ibid.*, p. 166. *(N. del T.)*

Sus lectores contemporáneos eran los blancos, los que necesitaban, querían o podían disfrutar de esa idealización.

Para Thistlewood, la violación es la idealización del derecho de pernada que ejerce como propietario. Para Stowe, la esclavitud se sana y se perfuma desde el punto de vista sexual y romántico. La relación de la pequeña Eva y Topsy (en la que este, un niño negro simple y revoltoso, se ve redimido, civilizado, por una cariñosa niña blanca) se sentimentaliza hasta tal punto que supone otro excelente ejemplo de la idealización de la esclavitud.

Tengo una profunda deuda con mi bisabuela. Si bien su intención no era en absoluto de ayudar (no disponía de ningún remedio para nuestra deficiencia), despertó en mí una inquietud que ha influido en gran parte de mi obra. *Ojos azules* fue mi primera exploración del daño provocado por el odio racial a uno mismo. Más tarde analicé el concepto contrario, la superioridad racial, en *Paraíso*. Y después, en *La noche de los niños*, traté el triunfalismo y el engaño fomentados por el colorismo, esto es, la discriminación basada en el tono de la piel. Hablé de sus defectos, su arrogancia y, en última instancia, su autodestrucción. Ahora (en la novela que estoy escribiendo en estos momentos) analizo con entusiasmo la educación de un racista: ¿cómo se pasa de un seno materno no racial al seno del racismo, a pertenecer a una existencia concreta amada o despreciada, pero determinada por la raza?, ¿qué es la raza (aparte de imaginación genética) y por qué tiene importancia? Una vez que se conocen y se definen (en la medida de lo posible) sus parámetros, ¿qué conducta exige/fomenta? La raza es la clasificación de una especie y nosotros somos la raza humana, sin más. Entonces ¿qué es esa otra cosa, la hostilidad, el racismo social, la creación del Otro?

¿Cuál es la naturaleza del consuelo que proporciona la alterización, su atractivo, su poder (social, psicológico o económico)? ¿Es la emoción de la pertenencia, que implica formar parte de algo más importante que el yo aislado y, por lo tanto, más fuerte? Mi planteamiento inicial se inclina por la necesidad social/psicológica de contar con el «forastero», el Otro, para poder definir el yo distanciado (quien busca las multitudes es siempre quien está solo).

Para acabar, permítanme citar un pasaje de *The Romance of Race*, de Jolie A. Sheffer, una estupenda exposición de cómo se construyó la «pertenencia», es decir, cómo se creó una nación coherente a partir de gente procedente de otros países, durante la gran inmigración del sur y el este de Europa:

> Unos veintitrés millones de inmigrantes, en su mayor parte del este y el sur de Europa, y en su inmensa mayoría judíos, católicos y ortodoxos, llegaron a Estados Unidos en el período que va de 1890 a 1920 y cuestionaron la mayoría WASP (blanca, anglosajona y protestante). Tales «inyecciones de sangre foránea», por utilizar una terminología de principios del siglo XX, transformaron la identi-

dad nacional estadounidense, pero [...] en lo fundamental no cuestionaron la hegemonía blanca; por el contrario, los miembros de etnias europeas pronto pasaron a formar parte, al menos sobre el papel, de la mayoría «blanca».

Los estudios sobre este asunto son amplios y profundos. Esos inmigrantes comprendieron que, si querían llegar a ser estadounidenses «de verdad», debían cortar o al menos minimizar en gran medida los lazos con sus países de origen y apropiarse de su condición de blancos. Para mucha gente, la definición de la «americanidad» sigue dependiendo (por desgracia) del color.

2

Ser el forastero o convertirse en el forastero

Dado que crear y mantener al Otro reporta beneficios muy significativos, es importante *a*) identificar dichos beneficios, y *b*) descubrir las posibles consecuencias sociales/políticas de rechazarlos.

Flannery O'Connor presenta con sinceridad y enorme agudeza su concepción del forastero, el paria, el Otro. Detrás de la comedia, destacada con frecuencia por los críticos, ofrece una lectura ágil y precisa de la construcción del forastero y sus ventajas. De esa educación deliberada para huir del forastero, el Otro eterno, en lugar de convertirse en él, es representativo su relato «El negro [moreno] artificial». Se trata de una descripción de factura minuciosa de cómo y por qué los negros son tan fundamentales para una definición blanca de la humanidad. En ese proceso, como veremos, la palabra «moreno» se utiliza de forma constante, incluso cuando no es necesaria o precisamente cuando no lo es. Su empleo conforma una gran parte de la educación del jovencito blanco del cuento. Esa repetición insistente y excesiva es indicativa de lo importantes que son los negros para el amor propio de su tío, el señor Head.

O'Connor empieza el relato con una finta, una descripción deliberadamente engañosa: el señor Head se presenta al lector con un lenguaje que se acoge a símbolos aristocráticos de la realeza:

> Al despertar, el señor Head descubrió que la habitación estaba inundada de la luz de la luna. Se sentó y miró la madera del suelo —del color de la plata— y luego el cutí de su almohada, que parecía brocado, y al cabo de un instante vio la mitad de la luna a dos metros, en el espejo de afeitarse, parada como si estuviera esperando permiso para entrar. Rodó hacia delante y proyectó una luz que dignificaba cuanto tocaba. La silla pegada a la pared parecía erguida y solícita, como si esperara una orden, y los pantalones del señor Head, colgados del respaldo, tenían un aire casi noble, como una prenda que un gran hombre hubiese tirado a su sirviente.*

El lector lee unas ciento cincuenta palabras antes de descubrir, en contraste con los sueños del señor Head, su pobreza rural, su edad y su tristeza. Y descubre también el propósito

---

* Flannery O'Connor, «El negro artificial», traducción de Marcelo Covián, en *Cuentos completos*, trad. Marcelo Covián, Celia Filipetto y Vida Ozores, Barcelona, Lumen, 2005, p. 381. *(N. del T.)*

de su vida en ese momento: educar a su sobrino, Nelson, en el proceso de alterización, de identificación del forastero. Cuando, en un tren de camino a Atlanta, ven pasar a un negro a todas luces próspero, la instrucción racista se agudiza:

—¿Qué ha sido eso? —preguntó [el señor Head].

—Un hombre —respondió el muchacho, y lo miró indignado, como si estuviera harto de que menospreciaran su inteligencia.

—¿Qué clase de hombre? —insistió el señor Head con voz inexpresiva.

—Un hombre gordo —contestó Nelson. [...]

—¿No sabes qué clase de hombre? —inquirió el señor Head con un tono terminante.

—Un hombre viejo —dijo el muchacho [...].

—Eso era un moreno —dijo el señor Head, y se recostó en el respaldo.

[...]

—Me dijo que eran negros. [...] En ningún momento me dijo que fueran tostados.*

Ese proceso de identificación del forastero tiene una respuesta previsible: provoca un miedo exagerado.

Más tarde, cuando se pierden por las calles de la ciudad y se encuentran en un barrio negro, se asustan, por

---

* *Ibid.*, p. 390. *(N. del T.)*

descontado: «Ojos negros en rostros negros los observaban desde todas direcciones».* Luego, desesperados, se detienen delante de una negra que está descalza en el porche de su casa y Nelson experimenta una extraña sensación: «De pronto deseó que se inclinase hacia él, lo cogiera en brazos y lo apretujara contra sí. Luego quiso sentir su aliento en la cara [...] mientras ella lo apretaba cada vez más. Nunca había experimentado un sentimiento semejante».** La mujer les da señas con amabilidad y aire despreocupado. Pronto llegan las consecuencias de ese encuentro no amenazador: desacuerdo, abandono y traición entre el señor Head y Nelson. Sin el engrudo de la superioridad racial, no parece haber posibilidad de perdón ni de reconciliación. Cuando al fin llegan a un barrio completamente blanco, el miedo a la no pertenencia, a convertirse también ellos en forasteros, los desestabiliza. Lo único que los tranquiliza y los salva de esa amenaza es encontrar una conexión visual con lo que consideran un racismo compartido por los blancos de todas las clases sociales: el rechazo al moreno artificial. Y contemplan esa figura, la estatua de yeso de un jovencito negro, «como si se hallaran frente a un gran misterio, a algún monumento a la victoria de un tercero que era quien los había unido en su derrota común. Ambos

---

* *Ibid.*, p. 398. *(N. del T.)*
** *Ibid.*, p. 400. *(N. del T.)*

sintieron que disolvía sus diferencias como un acto de misericordia».*

La educación del muchacho ha terminado: le han enseñado el racismo con ingenio y con éxito, y cree haber logrado respetabilidad, categoría, así como una ilusión de poder, mediante el proceso de invención del Otro.

Esa percepción del forastero propia del siglo XX debe situarse junto a relatos anteriores escritos o consignados por él en los que detalla su percepción de sí mismo. Para empezar, podría ser útil estudiar la «raza» en sí. La identificación y la exclusión raciales ni empezaron ni terminan con los negros. La cultura, los rasgos físicos y la religión han estado y están entre los precursores de estrategias de predominio y poder. Basta con recordar la historia del término «caucásico», tan empleado en inglés, de sus usos y su declive.

En el libro de Bruce Baum *The Rise and Fall of the Caucasian Race* aparece una explicación exhaustiva. «Desde 1952 —escribe el autor—, la categoría "raza caucásica" ha ocupado un lugar destacado en el discurso cotidiano sobre la raza, en particular en Estados Unidos, pero los antropólogos y los biólogos han ido poniéndola en tela de juicio progresivamente, junto con el concepto de "raza" en sí. [...] Dejando a un lado las opiniones de determinados supremacistas blancos, en la actualidad suele darse por sentado que

* *Ibid.*, p. 410. *(N. del T.)*

la raza aria no existe. El mito de la "raza aria" se improvisó a partir de varias fuentes a mediados del siglo XIX, [...] para luego convertirse en eje motor del nazismo. [...] Por contra, el concepto de la raza caucásica se ha puesto de moda entre los raciologistas y popularmente, luego ha dejado de estarlo y luego ha vuelto a estarlo.» Baum concluye, entre otras cosas: «La raza es, en resumen, un efecto del poder».

Así pues, cuando hablamos o escribimos sobre el forastero, el intruso, el Otro, deberíamos tener presente qué significa esa relación.

Los relatos de los esclavos, tanto escritos como orales, son fundamentales para comprender el proceso de alterización. Varios de ellos empiezan en la infancia con descripciones del amor y la devoción por sus propietarios originales y el profundo pesar experimentado al verse vendidos. La inocencia del niño (da igual que sea propiedad o propietario) es un ingrediente básico de los relatos de la esclavitud que se ha idealizado en el teatro, en libros comerciales y artísticos, en carteles y en periódicos. Más tarde, al acercarse la pubertad, es cuando se revela un universo distinto. Pero es un universo en el que la esclavización propiamente dicha, el desprecio y el maltrato del Otro, arroja una luz de lo más reveladora sobre los esclavizadores, sobre quienes disfrutan, mantienen y explotan la llamada «peculiar institución».

Me gustaría señalarles ejemplos del coste humano del trabajo gratuito de los esclavos, que devengaba pingües beneficios a sus propietarios. Los he extraído de las memorias de Mary Prince, *The History of Mary Prince, a West Indian Slave* (1831).

Presten atención a este pasaje, que recoge los recuerdos de Prince sobre el trabajo en las minas de sal: «Me dieron medio tonel para llenarlo de sal y una pala, y tenía que estar con el agua hasta las rodillas desde las cuatro hasta las nueve de la mañana, cuando nos daban maíz cristalino hervido en agua. [...] Trabajábamos durante las horas de más calor del día, [...] el sol [...] hacía que nos salieran ampollas. [...] Al pasar tantas horas de pie en el agua, enseguida se nos llenaban los pies y las piernas de unos forúnculos espantosos que, en algunos casos, se comían la carne hasta el mismo hueso. [...] Dormíamos en un cobertizo alargado, dividido en compartimentos estrechos, como los establos del ganado». Describe el paso de un amo a otro como «ir de un carnicero a otro. [...] El primero me fustigaba furioso y echando espuma por la boca del arrebato; [...] [el siguiente] por lo general era bastante tranquilo. Se hacía a un lado y daba la orden de que azotaran con crueldad a un esclavo, [...] andaba de un lado a otro y tomaba rapé con una calma absoluta».

Si esas descripciones no son ejemplos explícitos de sadismo, se hace difícil pensar qué puede serlo.

O fíjense si no en este pasaje, también de las memorias de Mary Prince: «Un día llegó de repente una fuerte ráfaga de viento y lluvia, y mi ama me mandó a vaciar detrás de la casa una gran jarra de barro que ya tenía una grieta profunda y antigua que iba de arriba abajo. Al volcarla para vaciarla, se me rompió en la mano. [...] Volví corriendo hasta mi ama, llorando: "Ay, señora, la jarra se ha partido en dos". "La has roto, ¿a que sí?", contestó. [...] Me desnudó y me azotó fuertemente durante mucho rato con una correa de cuero, mientras tuvo fuerzas para levantarla, ya que no abandonó hasta que estuvo muy cansada».

Nada puede anular el accidente; nada conseguirá reparar la jarra de inmediato; así pues, ¿a qué obedece la urgencia de los azotes? ¿Se pretende dar una lección o disfrutar? Mary Prince sabía hasta qué punto el trato a los esclavos degradaba al amo, lo mismo que Harriet Jacobs, cuyo libro *Peripecias en la vida de una joven esclava* (1861) se publicó treinta largos años después, en vísperas de la guerra de Secesión. Jacobs escribe: «Puedo testificar, por mi propia experiencia y por lo que he observado, que la esclavitud es una maldición tanto para los blancos como para los negros. Convierte a los padres blancos en seres crueles y lascivos; a los hijos, en violentos y libertinos; contamina a las hijas, y a las esposas las lleva a la desdicha».*

Por muy fascinante que sea la repulsión provocada por esos incidentes de violencia, en mi opinión la cuestión que aflora, una cuestión mucho más reveladora que la severi-

---

* Harriet A. Jacobs, *Peripecias en la vida de una joven esclava*, traducción de Carme Manuel, Castellón, Ellago, 2005, p. 85. *(N. del T.)*

dad del castigo, es: ¿quién es esa gente? Cuánto se esfuer-
zan para definir al esclavo como inhumano, salvaje, cuando en realidad la definición de lo inhumano corresponde
abrumadoramente al castigador. Cuando descansan, exhaus-
tos, entre tandas de azotes, el castigo es más sádico que
correctivo. Si los latigazos continuados agotan a quien los
propina, y tiene que descansar varias veces para poder pro-
seguir, ¿en qué beneficia ese prolongamiento a quien los
recibe? Un dolor tan desmedido parece concebido para
suscitar placer en quien empuña el azote.

La necesidad de representar a los esclavos como una
especie extraña se antoja un intento desesperado de confirmar la normalidad del propio yo. El apremio por distinguir entre los que pertenecen a la raza humana y los que
no son en absoluto humanos es tan intenso que el foco se
aparta para iluminar no al objeto de la degradación, sino a
su creador. Aun suponiendo exageración por parte de los
esclavos, la sensibilidad de sus propietarios resulta bárbara.
Es como si gritaran: «¡No soy una bestia! ¡No soy una bestia! ¡Torturo a los indefensos para demostrar que no soy
débil!». El peligro de compadecer al forastero es la posibilidad de convertirse en él. Perder el rango racializado es
perder la diferencia que uno tanto valora y atesora.

He reflejado y explorado ese enigma prácticamente en
todos los libros que he escrito. En *Una bendición* me afané
por definir el camino que va de las relaciones raciales cordiales a la violencia fomentada por la religión. Un ama

hasta el momento amable empieza a mostrarse punitiva con sus esclavos después de quedarse viuda y meterse en una secta religiosa, estricta y severa, en la que recupera el prestigio arrebatado por la viudedad maltratando a sus esclavos.

Mi exploración más teatral se hace evidente en *Paraíso*, novela en la que examiné los resultados contradictorios a los que conduce la concepción de una comunidad determinada por la pureza racial, si bien en este caso el «forastero» es toda persona blanca o «mulata».

Quizá pueda aclarar esa capacidad de alejar a los demás, tan extendida, si cuento cómo yo misma participé en ese proceso y aprendí de él. Ya he publicado este relato en otro lugar, pero quiero describirles hasta qué punto somos susceptibles de distanciarnos y de forzar nuestra propia imagen en los forasteros, así como de convertirnos en el forastero que podemos aborrecer.

Estoy en una finca a la orilla de un río (mía desde hace poco), paseando por el jardín, cuando distingo a una mujer sentada en el dique, en el extremo del terreno de mi vecina. Una caña de pescar de fabricación casera se adentra arqueada en el agua a unos seis metros de su mano. Me inunda una sensación de amparo. Me acerco, me detengo en la valla que separa mi terreno del de la vecina, y me fijo con agrado en la ropa que lleva puesta: zapatos de hombre, un sombrero de hombre, un jersey muy usado y sin color definido por encima de un largo vestido negro. Es negra.

Vuelve la cabeza y me saluda con una sonrisa natural y un «¿Qué tal?». Me dice cómo se llama («Madre Nosequé») y hablamos un rato, unos quince minutos, de recetas de pescado, del tiempo y de los niños. Cuando le pregunto si vive allí me contesta que no. Vive en un pueblo cercano, pero la propietaria de la casa le ha dado permiso para ir siempre que quiera a pescar a ese rincón, y va todas las semanas, a veces varios días seguidos porque hay percas o siluros, y cuando no los hay porque también le gustan las anguilas, que nunca faltan. Es ingeniosa y desborda esa sabiduría que las mujeres mayores siempre parecen dominar. Cuando nos separamos, se sobreentiende que volverá al día siguiente o muy poco después y volveremos a charlar. Me imagino más conversaciones con ella. La invitaré a casa para compartir cafés, historias, risas. Me recuerda a alguien, a algo. Me imagino una amistad, informal, natural, grata.

No aparece al día siguiente. Tampoco al otro ni al otro. Y la busco todas las mañanas. Pasa el verano sin que vuelva a verla una sola vez. Por fin abordo a la vecina para preguntar por ella y me quedo perpleja al descubrir que no sabe a quién ni a qué me refiero. Ninguna anciana ha pescado sentada en su murete jamás, y ninguna tiene permiso para hacerlo. Concluyo que aquella mujer me dijo una mentirijilla, que se aprovechaba de las frecuentes ausencias de mi vecina para pescar furtivamente. El hecho de que mi vecina esté en casa indica que la pescadora no aparecerá.

A lo largo de los meses siguientes, pregunto a mucha gente por la Madre Nosequé. Nadie, ni siquiera quienes llevan setenta años viviendo en los pueblos cercanos, ha oído hablar de ella.

Me siento estafada, estoy perpleja, pero también me hace gracia y de vez en cuando me planteo si lo habré soñado. De todos modos, me digo, fue un encuentro sin más valor que el de una anécdota. O no. Poco a poco, el enojo y luego el rencor ocupan el lugar del desconcierto inicial. Desde mis ventanas, una vista determinada ha quedado privada de ella, lo que me recuerda todas las mañanas su engaño y mi desilusión. ¿Qué estaba haciendo en realidad en esa zona? No había ido en coche y tendría que haber caminado seis kilómetros si de verdad vivía donde me había dicho. ¿Cómo podría haber pasado inadvertida en la carretera con aquel sombrero y aquellos zapatos horrorosos? Intento comprender la intensidad de mi desazón y el motivo por el que echo de menos a una mujer con la que he hablado un cuarto de hora. No llego a ninguna conclusión, tan solo a la mísera explicación de que aquella mujer entró en mi espacio (o, al menos, se acercó: se colocó en la línea divisoria, en el borde, justo en la frontera, donde siempre sucede lo más interesante) e insinuó promesas de camaradería femenina, de oportunidades de demostrar mi generosidad, de recibir y ofrecer protección. Ahora ha desaparecido y se ha llevado consigo mi buena opinión de mí misma, lo cual, por descontado, es imperdonable. ¿No es eso lo que tememos que hagan los forasteros? Molestar. Traicionar. ¿Demostrar que no son como nosotros? Por eso cuesta tanto saber qué hacer con ellos. El amor que los profetas nos han alentado a ofrecer al forastero es el mismo que Jean-Paul Sartre pudo revelar como la mendacidad misma del infierno. La famosa frase de *A puerta cerrada* «El infierno son los demás» plantea la posibilidad de que sean otros los responsables de transformar un mundo personal en un infierno público.

En la amonestación de un profeta y en la advertencia maliciosa de un artista se sobreentiende que los forasteros, así como los bienamados, nos tientan para apartar la mirada o para reivindicar algo. Los profetas religiosos previenen contra ese apartamiento, ese mirar hacia otro lado; Sartre advierte contra el amor como posesión.

Los recursos de que disponemos para relacionarnos mutuamente con benevolencia, para salvar el simple aire azul que nos separa, son poco numerosos pero potentes: el lenguaje, la imagen y la experiencia, que puede implicar los dos anteriores, uno o ninguno. El lenguaje (decir, escuchar, leer) puede fomentar, e incluso exigir, la rendición, el olvido de las distancias que nos separan, ya sean del tamaño de un continente o de una almohada, ya sean distancias culturales o las distinciones y las indistinciones de la edad o el sexo, ya sean consecuencia de una invención social o de la biología. La imagen, por su parte, domina cada vez más la esfera de la concepción de las formas, a veces se transforma en conocimiento y a menudo lo contamina. Al provocar el lenguaje o al eclipsarlo, una imagen puede determinar no solo lo que sabemos y lo que sentimos, sino también lo que consideramos que vale la pena saber sobre lo que sentimos.

Esos dos diosecillos, el lenguaje y la imagen, dan alimento y forma a la experiencia. Mi adopción instantánea de una pescadora vestida estrafalariamente se debió en parte a una imagen en la que se basaba la representación que hice de ella. La percibí de inmediato de un modo sentimental y me apropié de ella. Mi fantasía la transformó en mi chamana personal. Me convertí en su dueña o al menos lo deseé (y sospecho que ella lo presintió). Me había olvidado de la fuerza de las imágenes arraigadas y el lenguaje elegante para seducir, revelar, controlar. Tampoco recordaba su capacidad para ayudarnos a perseguir el proyecto humano; esto es, seguir siendo humanos e impedir la deshumanización y el alejamiento de los demás.

Sin embargo, algo imprevisto se ha colado en esa lista de nuestros recursos, sin duda excesivamente simplificada. Lejos de nuestras expectativas primigenias de mayor intimidad y más amplio conocimiento, las representaciones mediáticas rutinarias ofrecen unas imágenes y un lenguaje que restringen nuestra visión del aspecto que tenemos (o deberíamos tener) los seres humanos y de cómo somos en realidad. Sucumbir a las perversiones de los medios de comunicación puede nublar la visión; ofrecer resistencia puede arrojar el mismo resultado. En mi encuentro con la pescadora yo me resistí clara y enérgicamente a esas influencias. El arte y la imaginación, al igual que el mercado, pueden ser cómplices cuando se trata de separar la forma de la fórmula, la naturaleza del artificio, la humanidad de la mercancía. En algunos círculos exaltados, el arte que tiende a la representación se ha situado literalmente por debajo del desdén. El concepto de humanidad se ha alterado y la palabra «verdad» tiene tanta necesidad de comillas que su ausencia (su naturaleza evasiva) es más intensa que su presencia.

¿Por qué íbamos a querer conocer a un forastero cuando resulta más sencillo alejar a otro? ¿Por qué íbamos a reducir las distancias cuando podemos reducir las vías de entrada? Los llamamientos del arte y la religión al respeto en el Bien Común son tímidos.

Tardé cierto tiempo en comprender lo irrazonable de mi reivindicación de aquella pescadora. En comprender que echaba en falta y anhelaba algún aspecto de mí misma, y que los forasteros no existen. Solo existen versiones de nosotros mismos; muchas de ellas no las hemos suscrito, de la mayoría deseamos protegernos. Y es que el forastero no es extranjero, sino aleatorio; no es algo ajeno, sino recordado, y es la aleatoriedad del encuentro con las versiones de nosotros mismos que ya conocemos (aunque no las reconozcamos como tales) lo que provoca una oleada de alarma. Eso nos lleva a rechazar la figura y las emociones que despierta, en especial cuando esas emociones son profundas. Es también lo que nos empuja a querer poseer, gobernar y administrar al Otro. A idealizarlo, si podemos, para que vuelva a nuestros propios espejos. En cualquiera de esos casos (la alarma o la falsa veneración), le negamos su condición de persona, la individualidad específica que exigimos para nosotros.

3

El fetichismo del color

Ejercen en mí una fascinación constante las formas en las que la literatura utiliza el color de la piel para poner de manifiesto la naturaleza de un personaje o hacer avanzar la narración, sobre todo si el protagonista de la ficción es blanco (como en la inmensa mayoría de los casos). Ya sea por el horror a llevar en las venas siquiera una gota de la mística sangre «negra» o por los indicios de una superioridad blanca innata o de una potencia sexual trastornada y excesiva, la formulación y el significado del color son con frecuencia el factor decisivo.

Para adentrarse en el horror suscitado por la norma que se refiere a esa gota de sangre contaminante no existe mejor guía que William Faulkner. ¿Qué es, si no, lo que ronda *El ruido y la furia* o *¡Absalón, Absalón!*? Entre dos atrocidades maritales como el incesto y la miscegenación, esta última (un término antiguo pero útil para referirse a la «mezcla de las razas») es sin duda la más abominable. En gran parte de la literatura estadounidense, cuando la trama exige una crisis familiar no hay nada más repugnante que el acto sexual consentido entre las razas. Y es precisamente el hecho de que esos encuentros sean consentidos lo que se presenta como escandaloso, ilegal y repulsivo. A diferencia de la violación de esclavas, en este caso son la elección humana o, Dios no lo quiera, el amor los que reciben una condena sistemática. Y en el caso de Faulkner conducen al asesinato.

En el capítulo cuarto de *¡Absalón, Absalón!*, el señor Compson explica a Quentin los motivos de Henry Sutpen para matar a su medio hermano Charles Bon:

> Y, sin embargo, cuatro años después, Henry tuvo que matar a Bon para evitar que se casaran. [...]
>
> Sí, dado que, para el poco mundano Henry, sin nombrar al más cosmopolita padre, la existencia de la amante con un octavo de sangre negra y el hijo con una decimosexta parte, teniendo en cuenta incluso la ceremonia morganática, [...] era una razón suficiente.*

Mucho más avanzada la novela, Quentin se imagina esta conversación entre Henry y Charles:

---

* William Faulkner, *¡Absalón, Absalón!*, traducción de M.ª Eugenia Díaz, Madrid, Cátedra, 2000, pp. 149-150. *(N. del T.)*

—Así que es la miscegenación, no el incesto, lo que no puedes soportar.

Henry no contesta.

—Y ¿no me envía mensaje alguno? [...] No tenía que hacer esto, Henry. No era necesario que te dijera que soy moreno para detenerme. [...]

—Eres mi hermano.

—No, te equivocas. Soy el moreno que va a acostarse con tu hermana. A menos que me detengas, Henry.*

Igual de fascinante, cuando no más, es la utilización que hace Ernest Hemingway del colorismo, un instrumento siempre al alcance de la mano que en su caso abarca varias modalidades: de los negros despreciables a los tristes pero cordiales, pasando por el erotismo exacerbado por la negritud. Ninguna de esas categorías queda fuera del mundo de un escritor ni de su capacidad imaginativa, pero lo que me interesa es cómo se articula ese mundo. El colorismo está tan al alcance de la mano que ofrece el mejor atajo narrativo.

Fíjense en cómo se emplea en *Tener y no tener*. Cuando Harry Morgan, el contrabandista de ron que protagoniza la novela, habla directamente al único personaje negro de su barco, lo llama por su nombre, Wesley. No obstante, cuando el narrador de Hemingway se dirige al lector,

* *Ibid.*, pp. 396-397. *(N. del T.)*

dice (escribe) «el moreno». En este pasaje, los dos hombres, que están en el barco de Morgan, han recibido sendas heridas de bala en un encontronazo con las autoridades cubanas:

—¿Dónde demonios estamos? —preguntó al moreno.

El moreno se levantó para mirar.

[...]

—Te voy a poner cómodo, Wesley.

[...]

—No puedo ni moverme —dijo el moreno.

[...]

Dio al moreno una taza de agua.

[...]

El moreno intentó moverse para alcanzar una bolsa, pero gimió y se volvió a tumbar.

—¿Te duele tanto, Wesley?

—¡Dios mío! —exclamó el moreno.*

No queda claro por qué el simple nombre de su compañero no basta para hacer avanzar, explicar ni describir su empresa conjunta..., a no ser que el autor pretenda llamar la atención sobre la compasión del protagonista por un ne-

---

* Ernest Hemingway, *Tener y no tener*, traducción de Pedro Ibarzábal, Barcelona, Edhasa, 1989, pp. 59-64. *(N. del T.)*

gro, una compasión con la que ese contrabandista podría ganarse la simpatía de los lectores.

Ahora vamos a comparar esa representación de un negro débil, que se queja constantemente y que necesita la ayuda de un jefe blanco (herido de mayor gravedad que él) con otra de las manipulaciones de tropos raciales emprendidas por Hemingway, en este caso para lograr un efecto erótico muy cargado.

En *El jardín del Edén*, el personaje masculino, llamado «el joven» primero y «David» más adelante, vive una larga luna de miel en la Costa Azul con su flamante esposa, llamada alternativamente «la muchacha» y «Catherine». Pasan el rato, se bañan, comen y hacen el amor una y otra vez. Sus conversaciones son la mayoría de las veces parloteos o confesiones intrascendentes, pero las impregna el tema dominante de la negritud física como algo profundamente hermoso, excitante e irresistible desde un punto de vista sexual.

—Eres mi amado y buen marido y también mi hermano. […] Cuando vayamos a África seré además tu chica africana.

[…]

—Es demasiado pronto para ir a África ahora. Es la temporada de las grandes lluvias y después la hierba está alta y hace mucho frío.

[…]

—Entonces ¿adónde podríamos ir?

—Podríamos ir a España, pero […] es demasiado pronto para la costa vasca, donde aún llueve y hace frío. Ahora llueve por doquier allí.

—¿No existe una parte cálida donde podamos nadar como aquí?

—En España no puedes nadar como […] aquí. Te detendrían.

—Qué lata. Pues esperemos para ir, porque quiero que nos bronceemos aún más.

—¿Por qué quieres estar tan bronceada?

—[…] ¿No te excita que me ponga tan morena?

—Sí, me encanta.*

Ese extraño revoltijo de incesto, piel negra y sexualidad dista mucho de la separación entre «cubanos» y «morenos» que establece Hemingway en *Tener y no tener*, obra en la que ambos términos hacen referencia a cubanos (personas nacidas en Cuba), si bien a los segundos se priva de patria y nacionalidad.

El papel que desempeña el colorismo en la literatura tiene una razón de ser de lo más lógica: era la ley. Incluso un examen superficial de las «llamadas» leyes sobre el color da argumentos para hacer hincapié en ese aspecto como indicador de lo que es legal y lo que no. La legislación apro-

---

* Ernest Hemingway, *El jardín del Edén*, traducción de Pilar Giralt Gorina, Barcelona, Planeta, 1986, p. 30. *(N. del T.)*

bada en Virginia para imponer la esclavitud y controlar a los negros, reunida por June Purcell Guild con el título de *Black Laws of Virginia*, es representativa, como señala el prólogo de la obra, de leyes que «determinaban la vida de los negros de los siglos XVIII y XIX, esclavos o libres, y, en consecuencia, el tejido vital de la mayoría blanca».

Por ejemplo, una ley promulgada en 1705 establecía: «Los recusantes papistas, los convictos, los negros, los mulatos y los criados indios, así como otras personas que no sean cristianas, estarán incapacitados para prestar testimonio en caso alguno».

Y un código penal de 1847 señalaba: «Toda persona blanca que se reúna con esclavos o negros libertos con el propósito de instruirlos en la lectura o la escritura [...] será confinada a la cárcel por un máximo de seis meses y multada por una suma que no supere los cien dólares».

Mucho más adelante, estando en vigor las segregacionistas leyes de Jim Crow, el Código General de la Ciudad de Birmingham de 1944 prohibía que los negros y los blancos jugaran juntos en espacio público alguno «a cualquier juego de cartas, dados, dominó o damas».

Esas leyes son arcaicas y, en cierto sentido, absurdas. Y, pese a que ya no hay que cumplirlas, ni sería posible, prepararon el terreno en el que han bailado muchos escritores con resultados sumamente llamativos.

El mecanismo cultural que permite ser estadounidense se comprende con claridad. Una ciudadana de Italia o Rusia emigra a Estados Unidos y conserva amplia o parcialmente la lengua y las costumbres de su país de origen. Sin embargo, si desea ser estadounidense (que se la reconozca como tal y encontrar de verdad su lugar), tiene que transformarse en algo inimaginable en ese otro país: tiene que volverse blanca. Puede que se sienta cómoda o que no, pero es algo duradero que comporta ventajas, además de ciertas libertades.

Los africanos y sus descendientes no disfrutaron de esa posibilidad, según refleja una abundante literatura. Yo empecé a interesarme por la representación de los negros en función de la cultura y no del color de la piel: cuándo era tan solo el color su bestia negra, cuándo era secundario y cuándo era imposible de conocer o se ocultaba de manera deliberada. Este último caso me ofrecía una oportunidad interesante para hacer caso omiso del fetichismo del color, así como cierta libertad de la mano de una escritura muy minuciosa. En algunas novelas he teatralizado ese aspecto no solo negándome a apoyarme en signos raciales, sino además advirtiendo al lector de mi estrategia.

En *Paraíso*, las frases iniciales ponen en marcha la estratagema: «Disparan primero contra la chica blanca. Con las demás, pueden tomarse el tiempo que quieran».* Ese

---

* Toni Morrison, *Paraíso*, traducción de Carmen Francí Ventosa, Barcelona, Ediciones B, 1998, p. 13. *(N. del T.)*

principio pretende ser una explosión de identificación racial que posteriormente se oculta en todas las descripciones de la comunidad de mujeres del convento en el que se produce el ataque. ¿La busca el lector? ¿Busca a la «chica blanca»? ¿O pierde interés? ¿Abandona sus pesquisas para concentrarse en la esencia de la novela? Algunos lectores me han contado sus suposiciones, pero de todos solo una ha acertado. Prestó atención a la conducta, a algo que identificó como un gesto o una suposición que una negra no haría jamás, con independencia de su lugar de origen o de su pasado. Esa comunidad sin razas es vecina de otra cuya prioridad es justo la contraria: para sus miembros, la pureza racial lo es todo. Quien no sea «roca ocho», como se denomina el nivel más profundo de una mina de carbón, queda excluido de su población.

En otras obras, como *Ojos azules*, el tema principal es la consecuencia del fetichismo del color: su fuerza intensamente destructora.

En *Volver* intenté otra vez crear una obra en la que el color se hubiera borrado pero pudiera deducirse con facilidad si el lector prestaba mucha atención a los códigos, a las restricciones sufridas de forma rutinaria por los negros: dónde se sienta una persona en el autobús, dónde orina, etcétera. Y tuve tantísimo éxito al obligar al lector a hacer caso omiso del color que mi editora se puso nerviosa. Así pues, a regañadientes, inserté referencias que corroboraban la raza del protagonista, Frank Money.

Considero que fue un error que obraba en contra de mis intenciones.

En *La noche de los niños*, el color es al mismo tiempo una maldición y una bendición, un martillo y un anillo de oro, a pesar de que ninguna de las dos cosas, ni el martillo ni el anillo, ayudaban al lector a identificarse con el personaje. Tan solo ocuparse de forma desinteresada de otra persona acabaría conduciendo a una madurez real.

En una obra de narrativa hay muchísimas oportunidades de revelar la raza de los personajes, consciente o inconscientemente. Sin embargo, escribir literatura no colorista sobre negros es una labor que me ha resultado liberadora a la vez que compleja.

¿Cuánta tensión, cuánto interés habría perdido Ernest Hemingway si se hubiera limitado a utilizar el nombre de Wesley? ¿Cuánta fascinación y cuánta conmoción se frustrarían si Faulkner hubiese restringido el interés central de su libro al incesto, sin recurrir a la maldición teatral de la gota de sangre contaminante?

Algunos lectores, al abordar por primera vez *Una bendición*, que se desarrolla dos años antes de los juicios por brujería de Salem, podrían suponer que solo los negros eran esclavos, pero también podían serlo un nativo americano o una pareja homosexual blanca, como los personajes de mi novela. Y al ama blanca de la historia, aunque no está esclavizada, la han comprado mediante un matrimonio concertado.

Probé esa técnica de borrado racial por primera vez en un relato titulado «Recitatif». Empezó siendo un guion cinematográfico que me pidieron para dos actrices, una negra y la otra blanca. Sin embargo, como que durante el proceso de escritura no sabía cuál interpretaría cada uno de los papeles, eliminé el color por completo y utilicé la clase social como marca distintiva. A las actrices el texto no les gustó en absoluto. Más adelante, transformé el material en un relato que, por cierto, hace exactamente lo contrario de lo que pretendía (los personajes están divididos por la raza, si bien se han eliminado de forma deliberada todos los códigos raciales). En lugar de concentrarse en el desarrollo de la trama y los personajes, los lectores insisten en su mayoría en buscar lo que les he negado.

Puede que mis esfuerzos no despierten admiración o interés en otros autores negros. Después de afanarme durante décadas en escribir narraciones con garra protagonizadas por personajes marcadamente negros, puede que se pregunten si me he lanzado a un blanqueamiento literario. Nada más lejos de la realidad. Y tampoco pido que nadie me acompañe en esta empresa. Pero estoy decidida a desmontar el racismo barato, a rebatir y a aniquilar ese fetichismo del color rutinario, fácil y accesible que remite ni más ni menos que a la esclavitud.

4

Las configuraciones de la negritud

Las definiciones de «lo negro» y las descripciones de lo que significa la negritud son tan variadas y están tan cargadas de seudociencia y de invenciones que podría resultar interesante, cuando no definitivamente clarificador, examinar las configuraciones de los términos y los usos literarios que se les otorgan, así como la actividad que inspiran, tanto violenta como constructiva.

He ahondado con bastante detenimiento en la historia de las poblaciones negras de Oklahoma, donde las tierras arrebatadas (mediante coacciones) a las tribus comanches, conocidas como «el Territorio de Oklahoma» o «el Territorio Indio», se declararon «libres» para los colonos. Entre quienes las reclamaron había esclavos libertos que fundaron una cincuentena de poblaciones. De ellas, según tengo entendido, trece siguen existiendo: Langston (donde se construyó la Universidad de Langston), Boley (donde se abrieron dos centros de educación superior, el Centro Universitario Creek-Semínola y el Centro Universitario Metodista

Episcopal), Tullahassee, Red Bird, Vernon, Tatums, Brooks-
ville, Grayson, Lima, Summit, Renstiesville, Taft y Clearview.

No todos sus habitantes eran de piel negra; unos pocos
eran nativos americanos o europeos. Sin embargo, se defi-
nían como negros y como tales aceptaban las ayudas públi-
cas. Lo que entendían por «negro» los fundadores de esas
poblaciones no siempre queda claro. Después de la guerra
de Secesión, cuando antiguos esclavos migraron al Norte y
al Medio Oeste, muchos, muchísimos anuncios y avisos
advertían: «Vengan preparados o no vengan». Parecía un
sabio consejo: traigan herramientas, caballos, ropa, dinero
y conocimientos para no convertirse en una carga y poder
salir adelante por su cuenta. Sin embargo, eso comportaba
exclusiones: ¿qué pasaba con una viuda mayor que tan
solo supiera llevar una casa?, ¿y con una madre con hijos
pequeños y sin marido?, ¿y con un anciano con una disca-
pacidad física? A esa gente se la avisaba de que se mantuvie-
ra alejada para garantizar la salud y el crecimiento de la lo-
calidad. Además, tengo la impresión de que se prefería a los
pioneros mulatos. Lo deduzco de las fotografías en las que
aparecen uno o dos hombres de piel oscura encargados de
montar guardia. Por lo visto, los que poblaron las ciudades
negras prósperas eran personas de piel clara, es decir, con
sangre «blanca» en las venas.

Señalo esa distinción por dos motivos. Uno es que el
significado del color y de sus supuestas características es
motivo de debate académico y político desde hace como

mínimo un siglo. El otro es el efecto que ha tenido ese «significado» en las poblaciones llamadas «blanca» y «negra». (Cabe mencionar que los africanos, con la excepción de los surafricanos, no se definen como «negros». Son ghaneses, nigerianos, kenianos, etcétera.)

Se han dedicado innumerables estudios médicos y científicos a resolver la incógnita (si es que es una incógnita) de qué clase de especie son los negros y qué características poseen. Los términos inventados por los investigadores del siglo XIX para referirse a varios «trastornos» son, como hemos visto, pasmosos: «disestesia etiópica» (la bribonería de los negros libres y esclavizados) o «drapetomanía» (la tendencia de los esclavizados a huir de la cautividad). Sin duda alguna, eso contribuyó al racismo y a su propagación, algo que incluso hoy en día damos por sentado. (¿Qué seríamos, qué haríamos o en qué nos convertiríamos como sociedad si no existieran clasificaciones o teorías de la negritud?)

Una vez se acepta la negritud como algo definido social, política y médicamente, ¿cómo afecta esa definición a los negros?

Hemos señalado el crecimiento de ciudades negras, refugios de prosperidad lejos del peligro, bien lejos de los blancos. ¿Cómo debía de ser la vida para los negros que vivían rodeados de hostilidad y amenazas de muerte? En realidad, ¿hasta qué punto estaban a salvo, teniendo en cuenta lo que sabían del mundo que los circundaba? Antes he mencionado que, de unas cincuenta poblaciones negras fundadas en Oklahoma entre 1865 y 1920, siguen existiendo trece. En cuanto a las aproximadamente treinta y siete que han desaparecido, sus habitantes podrían haber sido de nuevo testigos directos del motivo original de su huida y haberse cuestionado una vez más el valor de la vida de los negros. Desde luego, así fue si vivían en 1946.

En el siglo XX, Estados Unidos no había dejado atrás la eugenesia y tampoco había experimentado un período de calma significativo en lo relativo a los linchamientos. Se publicaban fotografías de cadáveres negros rodeados de mirones blancos felices y las postales de linchamientos tenían mucha salida.

El miedo que experimentaban los negros no era ni una fantasía ni un problema patológico.

Veamos qué sucedió en 1946. Ese año, Isaac Woodard, un veterano de guerra negro que aún vestía de uniforme, bajó de un autobús Greyhound en Carolina del Sur. Volvía a Carolina del Norte para reunirse con su familia. Había pasado cuatro años en el ejército, en el llamado «teatro del Pacífico» (donde lo habían ascendido a sargento) y en la zona de Asia-Pacífico (donde había recibido una medalla de campaña, una medalla de la victoria en la Segunda Guerra Mundial y una medalla de buena conducta). Al hacer el autobús una parada para descansar, Woodard preguntó al conductor si había tiempo para ir al servicio. Discutieron, pero recibió el permiso que solicitaba. Después, cuando llegaron a Batesburg, el conductor llamó a la policía para que sacaran al sargento Woodard del vehículo (al parecer por haber ido al servicio). El jefe de policía, Linwood Shull, se lo llevó a un callejón cercano donde otros agentes y él sacaron las porras y le dieron una paliza. A continuación lo metieron en la cárcel, detenido por alteración del orden público. Durante la noche que pasó entre rejas, el jefe de policía aporreó a Woodard y le reventó los ojos. A la mañana siguiente lo llevaron ante el juez del pueblo, que lo declaró culpable y lo multó con cincuenta dólares. Woodard pidió atención médica, que llegó dos días después. Sin saber dónde estaba y aquejado de una amnesia leve, acabó en un hospital de Aiken, también en Carolina del Sur. Tres semanas después de que su familia denunciara su desaparición, lo localizaron y lo trasladaron a toda prisa a un hospital militar de Spartanburg. Los daños causados en ambos ojos eran irreparables. Vivió, ciego, hasta 1992. Falleció a la edad de setenta y tres años. Tras treinta minutos de deliberación, el jefe de policía Shull fue absuelto de todas las acusaciones, entre el aplauso exaltado del jurado, compuesto exclusivamente por blancos.

El hecho de que aquel ataque, así como la cobertura que recibió por parte de la Asociación Nacional para el Progreso de las Personas de Color (NAACP, por sus siglas en inglés) y otras organizaciones, llamara la atención del presidente Harry Truman, a diferencia de muchos otros, puede achacarse a las medallas que llevaba la víctima en el uniforme, que dejaban claras sus misiones y sus distinciones.

¿Qué podían temer esas ciudades negras? El de Isaac Woodard no fue un caso aislado.

Permítanme mencionar apenas un puñado de los linchamientos perpetrados en el siglo XX:

Ed Johnson, 1906 (linchado en el puente de la calle Walnut de Chattanooga, en Tennessee, por una multitud que echó abajo la puerta de la cárcel después de que se suspendiera provisionalmente su ejecución).

Laura y L. D. Nelson, 1911 (madre e hijo, acusados de asesinato, secuestrados en su celda, ahorcados en un puente del ferrocarril cerca de Okemah, en Oklahoma).

Elias Clayton, Elmer Jackson y Isaac McGhie, 1920 (tres trabajadores del circo acusados de violación sin ninguna prueba, linchados en Duluth, en Minnesota; no se castigó a sus asesinos).

Raymond Gunn, 1931 (acusado de violación y asesinato, rociado con gasolina y quemado vivo por la multitud en Maryville, en Missouri).

Cordie Cheek, 1933 (linchado y mutilado por la multitud en Maury, en Tennessee, a su salida de la cárcel tras haber sido acusado falsamente de violación).

Booker Spicely, 1944 (asesinado a tiros por un conductor de autobús en Durham, en Carolina del Norte, por haberse negado a sentarse en la última fila).

Maceo Snipes, 1946 (sacado a rastras de su casa del condado de Taylor, en Georgia, y asesinado por arma de fuego por haber votado en las elecciones primarias del Partido Demócrata de ese estado; un cartel colgado en una iglesia negra cercana decía: «El primer moreno en votar no volverá a hacerlo»).

Lamar Smith, 1955 (figura del movimiento por los derechos civiles, asesinado con arma de fuego delante del juzgado del condado de Lincoln, en la ciudad de Brookhaven, en Mississippi).

Emmett Till, 1955 (a los catorce años, apaleado y asesinado por arma de fuego en el pueblo de Money, en Mississippi, por las sospechas de haber coqueteado con una mujer blanca que años después confesó haber mentido).

Son apenas unos pocos (hubo muchos, muchos más, todos ellos atroces), pero son representativos, en mi opinión, de las circunstancias, del peligro real que sufrían los negros (ya no esclavizados) en el siglo XX.

Así pues, huyeron a tierras «libres» y establecieron su propia jerarquía de colores y clasificaron la piel de un negro más intenso (el «negro azulado») como señal absoluta de aceptabilidad. Esa es, en todo caso, la premisa de mi novela *Paraíso*, centrada en la remota (y ficticia) ciudad negra de Ruby, en Oklahoma, donde no hay «nada que ofrecer a un viajero: ni cafetería, ni policía, ni gasolinera, ni teléfono público, ni cine, ni hospital».*

El establecimiento entre los propios negros de códigos basados en el color de la piel y la amenaza de rechazo por parte de miembros de su propia raza, así como el grave riesgo de ser objeto de la misma brutalidad que Isaac Woodard con la misma falta de razones, fueron las realidades que motivaron a los fundadores de muchas poblaciones negras. En *Paraíso* imaginé una distopía inversa: una acentuación de la definición de «lo negro» y una búsqueda de su pureza a modo de desafío contra la eugenesia de la pureza «blanca», y en especial la doctrina del «Vengan preparados o no vengan», que excluiría a muchísimos negros pobres que huían con una mano delante y otra detrás.

¿Cuáles podrían ser la motivación y el éxito de una ciudad solo para negros que insistiera en sus propias normas de pureza? En *Paraíso* pretendí reconfigurar la negritud.

Mi intención era examinar la exigencia de pureza y la respuesta de los habitantes de la población al verse amenazada esa pureza negra por seres inferiores o impuros.

En el libro jugué con esos conceptos de la negritud confundidos y confusos. Empecé con el principio mismo, que subraya la raza, la pureza y la violencia: «Disparan primero contra la chica blanca. Con las demás, pueden to-

* *Ibid.*, p. 23. *(N. del T.)*

marse el tiempo que quieran».* Del mismo modo que nunca se identifica a la «chica blanca», tampoco se da nombre a ninguno de los autores de la matanza inicial. Los hombres que cometen esos asesinatos son un hijo o un sobrino o un hermano, un tío, un amigo, un cuñado; no hay nombres propios.

Después de ese anonimato deliberado, los siguientes capítulos llevan por título un nombre de mujer: Mavis, Grace, Seneca, Divine, Patricia, Consolata, Lone y Save-Marie, sin identificar su «raza».

Me interesaba mucho desmontar la raza y teatralizarla al mismo tiempo, para tratar de dejar al descubierto hasta qué punto ese constructo era fluctuante y carecía irreversiblemente de sentido. ¿Qué más sabemos, en realidad, de esos personajes cuando conocemos su raza? ¿Algo?

Las amenazas del mundo «exterior» y la familiaridad de los habitantes de Ruby ante el peligro que corren por el color de su piel definen su determinación de construir una ciudad de pureza racial negra que puedan controlar y defender.

Diez generaciones habían conocido lo que había Ahí Fuera: el espacio, en otros tiempos acogedor y libre, se había convertido en un hervidero sin control, en un vacío donde el mal organizado e improvisado surgía por doquier:

* *Ibid.*, p. 13. *(N. del T.)*

detrás de cualquier árbol erguido, tras la puerta de cualquier casa, humilde o lujosa. Ahí Fuera, donde tus hijos eran víctimas, tu mujer era presa fácil, donde uno mismo podía ser anulado, donde la congregación llevaba armas a la iglesia y cada silla de montar tenía una cuerda enrollada. Ahí Fuera, donde cada grupo de hombres blancos parecía una partida dirigida por un sheriff, donde estar solo equivalía a estar muerto. Pero durante las tres últimas generaciones habían aprendido una y otra vez las lecciones sobre el modo de proteger una población. Así que, como aquellos exesclavos que conocían sus prioridades, [...] antes de que saliera el primer rayo de sol, a mediados de agosto, quince familias se marcharon, [...] pero no se dirigieron, como otros, hacia Muskogee o California, ni hacia Saint Louis, Houston, Langston o Chicago, sino que se adentraron en Oklahoma [...].*

Los hermanos Morgan controlan la ciudad que han contribuido a fundar y que han llamado Ruby en honor a su hermana, fallecida recientemente. Sin embargo, y a pesar de su poder y de las amenazas que profieren, existen conflictos graves y profundos entre los conciudadanos. Uno de los más perturbadores es la cuestión del texto grabado (del que falta el principio) en el preciado horno comunitario, construido por los Viejos Padres y transportado hasta

---

* *Ibid.*, p. 28. *(N. del T.)*

Ruby. ¿Dice «Sé el surco de su ceño»? ¿O tal vez, según insisten los jóvenes, «Somos el surco de su ceño»? ¿O incluso «Las mujeres son el surco de su ceño»? Y, además de las relaciones sexuales con personas del exterior, que están mal vistas, existe una discordia religiosa fundamental. Los sermones del reverendo Pulliam, un predicador conservador y arrogante, ilustran una de las divisiones de la ciudad. El que pronuncia en una boda es un buen ejemplo:

—Permitid que os hable del amor, esa tonta palabra que, según creéis, hace referencia a si os gusta alguien, a si gustáis a alguien o a si sois capaces de soportar a alguien para conseguir algo o algún lugar que deseáis. También es probable que creáis que tiene que ver con el modo en que vuestro cuerpo responde a otro cuerpo, como si fuerais tordos o bisontes, o tal vez que es el modo en que las fuerzas, la naturaleza o la suerte se muestran benignas con vosotros en particular al no lisiaros o mataros, o, en caso contrario, haciéndolo por vuestro propio bien.

»El amor no es nada de esto. En la naturaleza no hay nada como él. Ni en los tordos, ni en los bisontes, ni en las colas danzarinas de vuestros perros de caza, ni en las flores ni en los potros que todavía maman. El amor solo es divino y siempre resulta difícil. Si pensáis que es algo fácil, sois unos necios. Si pensáis que es algo natural, estáis ciegos. Se trata de poner en práctica algo aprendido sin otro motivo o razón que Dios.

»Uno no merece el amor a pesar del sufrimiento que haya podido soportar. Uno no merece el amor porque alguien lo ha ofendido. Uno no merece el amor porque lo desee. Uno solo puede ganar, mediante la práctica y la contemplación, el derecho a expresarlo, y debe aprender a aceptarlo. Lo que equivale a decir que uno tiene que ganarse a Dios. Tiene que practicar la doctrina de Dios. Tiene que pensar en Dios, con atención. Y si uno es un estudiante bueno y diligente, puede asegurarse el derecho de demostrar amor. El amor no es un don. Es un diploma. Un diploma que otorga ciertos privilegios: el privilegio de expresar el amor y el privilegio de recibirlo.

»¿Cómo sabe uno que ha conseguido el título? No lo sabe. Lo que uno sabe es que es humano y, por lo tanto, educable y, por lo tanto, capaz de aprender a aprender y, por lo tanto, de ser interesante a los ojos de Dios, que solo se interesa en sí mismo, lo que equivale a decir que solo está interesado en el amor. ¿Me entendéis? Dios no está interesado en vosotros, sino en el amor y la bendición que otorga a quienes entienden y comparten este interés.*

Articula la respuesta a esa concepción de Dios el reverendo Misner, el predicador progresista que oficia la boda, para quien el amor es «un respeto sin motivo concreto. Todo lo

---

* *Ibid.*, p. 159. *(N. del T.)*

cual daba fe no de un Señor malhumorado, objeto de su propio amor, sino de otro que hacía posible el amor humano. No en beneficio de su gloria, eso nunca; Dios amaba el modo en que los humanos se amaban entre sí, amaba el modo en que los humanos se amaban a sí mismos, amaba al genio de la cruz que consiguió hacer las dos cosas y murió siendo consciente de ello».* A modo de protesta silenciosa contra el «veneno» de Pulliam, alza una cruz ante la congregación, mientras piensa:

¿Veis? La ejecución de este negro solitario apoyado en esas dos líneas que se cruzan, a las que estaba sujeto en una parodia del abrazo humano, atado a dos grandes maderos tan convenientes, tan reconocibles, tan impregnados en la conciencia como tal que son al mismo tiempo vulgares y sublimes. ¿Veis? La cabeza de cabello rizado se alzó y cayó sobre el pecho, el brillo de la piel, negra como la noche, quedó atenuado por el polvo, manchado por la hiel, sucio de esputos y orines, de color peltre bajo el viento caliente y seco, y, finalmente, cuando el sol desapareció avergonzado, mientras su carne experimentaba la misma extraña disminución de la luz que por la tarde, como si hubiera llegado el anochecer, siempre repentino en esas latitudes, se lo tragó junto con los criminales que lo acompañaban, la silueta de aquel símbolo original se fundió en el cielo

* *Ibid.*, p. 165. *(N. del T.)*

de una falsa noche. Ved cómo este asesinato oficial, entre cientos de otros, marcó la diferencia, cambió la relación entre Dios y el hombre, que dejó de ser la existente entre el jefe y el subordinado para convertirse en una relación de tú a tú. La cruz que sostenía era abstracta; el cuerpo, ausente, real, pero ambos se combinaban para sacar a los humanos de un segundo plano y ponerlos en el primero, hacer que dejaran de murmurar al margen y pasaran a ocupar el papel principal en la historia de su vida. Esa ejecución había hecho posible el respeto —con libertad, sin miedo— a uno mismo y a los demás.*

Los conflictos internos de Ruby van en aumento, hasta el punto de que los hombres (algunos de ellos) necesitan desesperadamente encontrar un enemigo para expiar y destruir el mal y los problemas que castigan a su comunidad. Las mujeres de un antiguo convento situado en las inmediaciones cumplen esa función a las mil maravillas.

Por descontado, esas mujeres (un puñado de inadaptadas y fugitivas) no son ni santas ni pacíficas. Discrepan prácticamente en todo, excepto en el afecto que profesan a la última habitante del convento, una anciana alcohólica llamada Consolata que las acoge a todas. Antes de la violencia que los hombres de Ruby les infligen, Consolata reclama un insólito ritual, denominado «sueño en voz alta»,

* *Ibid.*, pp. 164-165. *(N. del T.)*

con el que todas las mujeres del convento se purifican y se fortalecen. Demasiado tarde. Entonces irrumpen los hombres de Ruby.

Entre toda esa lucha, ese caos y ese conflicto irresoluble provocado por el reparto de poderes dentro de las clasificaciones raciales y sexuales, mi propósito era centrar la atención en individuos concretos que trataban de salir indemnes y atenuar su fracaso: un relato y luego otro. Frente a frente.

La novela (o mi intención al escribirla) me recuerda algo que experimenté hace años en la Bienal de Viena. En una de las obras de arte expuestas se me pidió que entrara en un cuarto oscuro y me colocara delante de un espejo. Al cabo de pocos segundos apareció una figura que fue cobrando forma lentamente y avanzando hacia mí. Una mujer. Cuando esa persona (o, más bien, su imagen) estuvo cerca, a mi misma altura, colocó la mano en el cristal y se me indicó que hiciera lo mismo. Nos quedamos allí, cara a cara, sin hablar, mirándonos a los ojos. Poco a poco, la figura fue apagándose y encogiéndose hasta desaparecer por completo. Y apareció otra mujer. Repetimos el gesto: juntamos las palmas de las manos y nos miramos a los ojos. Así seguí durante un rato. Con cada mujer cambiaban la edad, la constitución, el color, el vestido. Debo reconocer que aquello fue extraordinario, aquella intimidad con una desconocida. En silencio, con complicidad. Aceptándonos, frente a frente.

5
Narrar al Otro

Trabajé muchos años, unos diecinueve, de responsable editorial en Random House, decidida a incluir en el catálogo el máximo número posible de escritores afroamericanos de calidad.

El consejo editorial aprobó algunos de los proyectos que presenté: títulos de Toni Cade Bambara, Angela Davis, Gayl Jones y Huey Newton, entre otros. Con la excepción de la autobiografía de Muhammad Ali, las ventas no fueron nada espectaculares. El tema salió a colación un día en una convención de ventas, cuando un comercial regional aseguró que no era posible vender libros «a los dos lados de la calle». Quería decir que los blancos compraban la mayoría de los libros; los negros, pocos o ninguno.

Me dije: «Bueno, ¿y si publico un libro lo bastante bueno, lo bastante atractivo, para reclamar la atención de los negros?». Y me puse a concebir lo que acabaría siendo *The Black Book*, un elegante álbum con fotografías, letras de canciones, patentes de inventos ideados por negros, recortes de prensa, carteles publicitarios… De todo sobre la historia y la cultura afroamericanas, lo terrible y lo espantoso y también lo hermoso y lo triunfal. El material procedía de muchísimas fuentes, pero sobre todo de coleccionistas con cajas y carpetas dedicadas a la historia norteamericana y afroamericana.

Entre el material que reuní había un recorte de prensa con un titular enigmático: «Una visita a la madre esclava que mató a su hija». La noticia la había publicado el 12 de febrero de 1856 en *American Baptist* el reverendo P. S. Bassett, del Seminario Teológico Fairmount de Cincinnati, en Ohio, el cual se ocupaba de rezar con los presidiarios. Margaret Garner, la madre en cuestión, y otros miembros de su familia habían huido de Kentucky, donde estaban esclavizados, para llegar al estado libre de Ohio. El relato de la conversación de Bassett con Margaret Garner decía así:

El domingo pasado, después de predicar en la cárcel municipal de Cincinnati, gracias a la amabilidad del ayudante del sheriff, se me permitió visitar el recinto de esa desgraciada, con respecto a la cual ha habido mucha exaltación a lo largo de las dos últimas semanas.

Me la encontré con una criatura de pocos meses en brazos, en cuya frente observé un gran cardenal. Me interesé por la causa de la lesión y la mujer pasó a ofrecer un relato pormenorizado de cómo había intentado matar a sus hijos.

Me contó que cuando las autoridades y los cazadores de esclavos llegaron a la casa en la que se ocultaban, agarró una pala y golpeó a dos de los niños en la cabeza, y luego sacó un cuchillo y degolló a la tercera, e intentó matar a otra criatura, y que si le hubiera dado tiempo los habría matado a todos, y que lo que fuera de ella poco le importaba, pero no estaba dispuesta a permitir que sus hijos sufrieran como había sufrido ella.

Le pregunté si no estaba exaltada casi hasta la locura cuando cometió ese acto. «No —contestó—, estaba tan tranquila como ahora mismo, y prefería sin duda alguna matarlos a todos allí mismo y así acabar con su sufrimiento a permitir que volvieran a la esclavitud y los asesinaran poco a poco.» A continuación me contó la historia de sus males. Me habló de sus días de sufrimiento y de sus noches de esfuerzos injustificables, mientras las lágrimas amargas resbalaban por sus mejillas y caían sobre la cara de aquel niño inocente, que la miraba con una sonrisa, sin conciencia del peligro y los probables sufrimientos que lo aguardaban.

Mientras escuchaba su exposición y observaba el profundo dolor reflejado en su rostro, no pude dejar de exclamar: «¡Ay, qué terrible es el poder irresponsable cuando se ejerce sobre seres inteligentes!». Se refiere a la niña que mató y a su liberación de todas las dificultades y los pesares con un grado de satisfacción tal que casi hiela la sangre en las venas. Y, sin embargo, es evidente que posee toda la

ternura apasionada del amor maternal. Tiene unos veinticinco años de edad y en apariencia posee un grado medio
de bondad, con un intelecto enérgico y un carácter muy
resuelto.

Los dos hombres y los otros dos niños se encontraban
en otro recinto, pero su suegra estaba en el mismo que
ella. La suegra dice que es madre de ocho hijos y que la
separaron de la mayoría; que también separaron de ella a
su marido en una ocasión y no lo vio durante veinticinco
años; que, de haber podido impedirlo, jamás le habría
permitido volver, ya que no quería que fuera testigo de
sus sufrimientos, ni que quedara expuesto al trato brutal
que iba a recibir.

Señala que ha sido una sirvienta fiel, y que a su avanzada edad no tenía intención de buscar la libertad; pero,
a medida que perdía fuerzas y capacidad de desempeñar
labores, su amo se volvía más y más severo y brutal en su
trato, hasta que llegó un momento en que no pudo sopor-
tarlo más; que aquel esfuerzo solo podía provocarle la
muerte, si tenía suerte, de modo que decidió intentarlo.

Fue testigo del asesinato de la niña, pero decía que ni
había alentado a su nuera ni había dejado de alentarla,
puesto que en circunstancias similares probablemente habría hecho lo mismo. La anciana tiene entre sesenta y setenta años, ha sido profesora de religión durante unos
veinte y habla con gran efusión del momento en que que-
dará liberada del poder del opresor y vivirá junto al Salva-

dor, «allí donde los malvados dejan de atormentar y los fatigados pueden descansar».

Estos esclavos (según la información de la que dispongo) han residido toda su vida a menos de veinticinco kilómetros de Cincinnati. Se nos dice con frecuencia que en Kentucky la esclavitud es muy inocente. Si estos son sus frutos cuando existe en una versión moderada, ¿puede alguien decirnos qué podemos esperar de sus aspectos más censurables? En fin, los comentarios son innecesarios.

Las observaciones de ese artículo que me llamaron la atención fueron: 1) la incapacidad de la suegra para condenar o aplaudir el infanticidio, y 2) la serenidad de Margaret Garner.

Como saben algunos de mis lectores, la historia de esa mujer fue la génesis de mi novela *Beloved* (1987). Unos diez años después de su publicación apareció una biografía de la Margaret Garner histórica. Se titula *Modern Medea. A Family Story of Slavery and Child-Murder from the Old South*, y su autor es Steven Weisenburger. Mientras que la referencia de ese libro es la leyenda clásica de una mujer desdeñada que mata a sus hijos como acto de venganza contra su padre infiel, mi relato se centra en lo incomprensible frente al acto salvaje del infanticidio.

La biografía de Weisenburger es un análisis minucioso de los hechos que rodearon los actos de Margaret Garner y de sus consecuencias, unos hechos de los que yo no sabía casi nada y que decidí deliberadamente no investigar si se presentaba la oportunidad, cosa que no sucedió. Quería basarme por completo en mi propia imaginación. Lo que más me interesaba era tratar de desentrañar la incapacidad de la suegra para condenar a su nuera por asesinato.

Intrigada por lo que podría haber contestado, decidí que la única con el derecho incuestionable de juzgar era la propia niña muerta, a la que bauticé con la única palabra que su madre pudo permitirse grabar en su lápida: «Beloved» ('Bienamada'). Por descontado, cambié los nombres, creé algunos personajes, eliminé otros, reduje otros más (por ejemplo, el de Robert, el marido de Margaret Garner) y no dediqué la más mínima atención al juicio (que duró meses, fue polémico y agitó a los abolicionistas, quienes hicieron famoso el caso al tratar de que acusaran a Garner de asesinato, con el objetivo de invalidar la Ley de Esclavos Fugitivos de 1850). Por otro lado, aunque lo hubiera sabido, habría hecho caso omiso del hecho de que varios de sus hijos fueran mulatos, señal evidente de que su propietario la violaba, lo cual debía de resultar fácil, ya que a su marido lo mandaban con frecuencia a trabajar en otras plantaciones. Le di una hija superviviente, en cuyo nacimiento la ayudó un jovencita blanca, también esclava huida, cuya compasión estaba movida por el género, no por la raza. Vi a Sethe, el nombre que di a la madre, huyendo sola. Introduje a una hija muerta que hablaba y pensaba y cuya influencia (así como su aparición y su desaparición) podía encarnar el daño atroz provocado por la esclavitud. Y también conferí a la suegra (Baby Suggs), una predicadora sin iglesia que se había ordenado sola, un papel fundamental en relación con el padecimiento de la esclavitud. En su sermón quise explicar la renuencia a condenar a su nuera mediante su fe y su entrega al amor.

Este es un pasaje sacado de ese sermón, pronunciado por Baby Suggs en el Claro del bosque:

—En este lugar carne somos —decía—. Carne que llora y ríe, carne que baila con los pies descalzos en la hierba. Amadla, amadla intensamente. Más allá no aman vuestra carne, la desprecian. No aman vuestros ojos, quisieran arrancároslos. No aman la piel de vuestra espalda. Más allá la despellejan. Y, oh, pueblo mío, no aman vuestras manos. Solo las usan, las atan, las sujetan, las cortan y las dejan vacías. ¡Amad vuestras manos! Amadlas. Levantadlas y besadlas. Tocad a otros con ellas, unidlas con otras, acariciaos la cara con ellas, pues más allá tampoco aman vuestra cara. Vosotros tenéis que amarla, ¡vosotros! Y no, no aman vuestra boca. Más allá, la verán rota y volverán a romperla. No harán caso de lo que digáis con ella. No oirán lo que gritéis con ella. Os arrebatarán lo que le pongáis dentro para alimentar vuestro cuerpo y os darán sobras, no aman vuestra boca. Vosotros tenéis que amarla. [...] Y, oh, pueblo mío, allá, oídme bien, no aman vuestro cuello sin dogal y recto. De modo que habéis de amar vuestro cuello, cubrirlo con la mano y acariciarlo, mantenerlo erguido. Y vuestras entrañas, que preferirían echar a los cerdos; tenéis que amar vuestras entrañas. El hígado oscuro..., amadlo, amadlo, y amad también vuestro apaleado y palpitante corazón. Más que los ojos o los pies. Más que los pulmones que nunca han respirado aire libre. Más que vuestro vientre que contiene la vida y más que vuestras partes dadoras de vida, oídme bien, amad vuestro corazón. Porque este es el precio.*

Resalté la vida de la hija salvada, la llamé Denver (que era el apellido de la joven blanca que había ayudado a su madre a traerla a este mundo) y analicé cómo era su vida junto a una madre que había matado a su hermana, pero contando con la ayuda emocional y física de su abuela y del vecindario, lo que bastaba para envalentonarla y permitir que prosperara.

Creé mi propia versión del final, que quise optimista, en contraste con el final real de la vida de Margaret Garner, triste y perturbador. Rebautizada y redibujada como Sethe, mi madre esclava recibe finalmente el estímulo necesario para pensar, incluso saber, que podría ser un ser humano valioso a pesar de lo que les ha pasado a su hija y a ella. «Era lo mejor que yo tenía», le dice a Paul D., en

---

* Toni Morrison, *Beloved*, traducción de Iris Menéndez, Barcelona, Ediciones B, 1993, pp. 109-110. *(N. del T.)*

referencia a Beloved. Él le contesta que no: «Tú eres lo mejor que tienes». Y ella lo pone en duda: «¿Yo? ¿Yo?».* No está convencida, pero al menos la idea despierta su interés. Existe, pues, una posibilidad de reconciliación, de paz, de no tener necesidad de arrepentirse.

Ese final no fue, por supuesto, la última palabra, que debía corresponder a la Otra, a la principal motivadora, al motivo de la existencia de la novela, a la propia Beloved.

Hay una soledad susceptible de mecerse. Los brazos cruzados, las rodillas levantadas; mantener este movimiento, a diferencia del de un barco, serena y contiene al mecedor. Es algo interior..., apretadamente envuelto como la piel. Y hay una soledad que vagabundea. El vaivén no logra retenerla. Tiene vida propia. Es una cosa seca y expansiva que hace que el sonido de los propios pies al alejarse parezca provenir de un lugar distante.

Todo el mundo sabía cómo se llamaba], pero nadie conocía su nombre. Olvidada e inexplicada, no está perdida porque nadie la busca, y aunque la buscaran..., ¿cómo podrían llamarla si no conocen su nombre? Aunque reclama, no es reclamada. En el sitio donde se abre la hierba alta, la chica que esperaba ser amada e inculpar estalla en sus distintas partes para que a la risa glotona le sea más fácil tragársela entera.

No era una historia para transmitir.

La olvidaron como a una pesadilla. Después de figurarse historias, darles forma y decorarlas, quienes la vieron aquel día en el porche la echaron al olvido fácil y deliberadamente. Más tiempo les llevó olvidar a quienes habían hablado con ella, habían vivido con ella, se habían enamorado de ella, hasta que notaron que no podían recordar ni repetir una sola palabra de lo que ella había dicho y comenzaron a creer que, salvo lo que ellos mismos pensaban, nunca había dicho nada. Así, finalmente también la olvidaron. Recordar [...] parecía imprudente, insensato. Nunca supieron dónde o por qué se acurrucaba, ni de quién era el rostro sumergido que entonces necesitaba. Ni dónde podría haber estado y no estaba la memoria de la sonrisa bajo su mentón, un pestillo cromado con líquenes de floración verde manzana adheridos al metal. ¿Qué le había hecho creer que sus uñas estaban en condiciones de abrir cerraduras sobre las que había llovido?

No era una historia para transmitir.

De modo que la olvidaron. Como un sueño desagradable durante una noche turbulenta. En ocasiones, sin embargo, el crujido de una falda enmudece cuando despiertan y los nudillos que en sueños rozan una mejilla parecen ser los de quien sueña. A veces la fotografía de un pariente o amigo íntimo —mirada durante [demasiado] tiempo— se modifica y algo [...] más conocido que ese rostro querido lo sustituye. Pueden tocarlo si quieren, pero no lo hacen porque saben que, en ese caso, las cosas nunca serán iguales.

Esta no es una historia para transmitir.

Riachuelo abajo, en la parte de atrás del 124, las huellas de sus pies vienen y van, vienen y van. Son muy familiares. Si un niño o un adulto camina encima, sus pies encajan perfectamente en los de ella. Si los sacan, vuelven a desaparecer, como si nadie hubiese andado jamás por allí.

Poco a poco se desvanece todo rastro y no solo se han olvidado las huellas, sino el agua y lo que hay allá abajo. El resto es el tiempo, la atmósfera. No la respiración de [quien permanece olvidada e inexplicada, sino el viento en los aleros o el hielo primaveral que se derrite con demasiada rapidez. Nada más que la atmósfera. No la voz que clama por un beso, sin duda.

Bienamada.*

Sí conocía el resultado del juicio: al final se falló que la madre esclava no tenía ninguna responsabilidad legal en el asesinato de su hija (en caso de haberla declarado responsable, la habrían condenado a muerte), dado que intervino un juez del tribunal de distrito federal para resolver que debía prevalecer la Ley de Esclavos Fugitivos. En consecuencia, Margaret Garner era legalmente una propiedad,

* *Ibid.*, pp. 315-317. *(N. del T.)*

lo mismo que sus descendientes, que no le pertenecían en modo alguno por tratarse de bienes que podían venderse, algo que sucedía con frecuencia. En resumen, a Garner acabaron juzgándola no como a un ser humano con responsabilidades humanas (la maternidad, por ejemplo), sino como a un animal que podía venderse como ganado. En cualquier caso, estaba condenada: a una muerte precoz por asesina o a una muerte lenta como esclava maltratada. Al final, según descubrió Weisenburger, la devolvieron al Sur y vivió esclavizada hasta 1858, año en que murió a consecuencia de la fiebre tifoidea.

Pese a lo apasionante de la vida de la Margaret Garner real, el núcleo y el desarrollo de la novela se basan en la niña asesinada. Imaginarla fue para mí el alma del arte, así como su esqueleto.

La narrativa ofrece un terreno baldío controlado, una oportunidad de ser el Otro, de convertirse en el Otro. El forastero. Con compasión, con lucidez y con el peligro de caer en el examen de conciencia. En esa iteración, para mí, como autora, Beloved la niña, la que se aparece, es el Otro elevado a la máxima potencia. Clamando, clamando eternamente por un beso.

6

La patria del extranjero

Dejando a un lado el apogeo de la trata de esclavos en el siglo XIX, en ningún momento de la historia han sido tan intensos los movimientos de población generalizados como en la segunda mitad del siglo XX y el inicio del XXI. Son desplazamientos de trabajadores, intelectuales, refugiados y migrantes que cruzan océanos y continentes, que llegan por las oficinas de inmigración o en embarcaciones endebles, y que hablan muchas lenguas de comercio, de intervención política, de persecución, guerra, violencia y pobreza. Cabe poca duda de que la redistribución (voluntaria e involuntaria) de población por todo el planeta figura en primer lugar en el orden del día de los estados, las salas de juntas, los barrios, las calles. Las maniobras políticas para controlar esos desplazamientos no se limitan a la vigilancia de los desposeídos ni a retenerlos como rehenes. Buena parte de ese éxodo puede describirse como el viaje de los colonizados hasta la sede de los colonizadores (como si, por así decirlo, los esclavos se marcharan de la plantación a la casa del hacendado), y consiste en gran medida en la huida de refugiados de guerra y (en menor medida) en la reubicación y el traslado de la clase directiva y diplomática a los puestos avanzados de la globalización. La instalación de bases militares y el despliegue de más soldados desempeñan un papel destacado en los intentos legislativos de controlar el flujo constante de personas.

Inevitablemente, el espectáculo de esos desplazamientos generalizados llama la atención sobre las fronteras, los lugares porosos, los puntos vulnerables donde el concepto de patria se considera amenazado por los extranjeros. En gran parte, la alarma que planea sobre las fronteras, las puertas, se nutre al mismo tiempo, me parece a mí, de: 1) la amenaza y la promesa de la globalización, y 2) una relación difícil con nuestra propia condición de extranjeros, con un sentimiento de pertenencia que se desmorona a toda velocidad.

Permítanme empezar por la globalización. Tal como la entendemos en la actualidad, no es una versión del modelo imperialista de Gran Bretaña del siglo XIX, si bien la agitación poscolonial refleja y recuerda el dominio que una sola nación tenía a la sazón sobre la mayor parte de las demás. El término «globalización» no encierra la máxima «Trabajadores del mundo, uníos» del viejo internacionalismo proletario, pese a que esa fue precisamente la palabra que el hoy expresidente de la Federación Estadounidense del Trabajo - Congreso de Organizaciones Industriales (AFL-CIO, por sus siglas en inglés), John Sweeney, empleó en el Consejo Ejecutivo de Presidentes Sindicales al señalar que los sindicatos de Estados Unidos debían «construir un nuevo internacionalismo». Y tampoco es esa globalización lo mismo que el deseo de «un solo mundo» existente en la posguerra mundial, una retórica que dio lugar a la creación de las Naciones Unidas y agitó y hostigó los años cincuenta. Ni es el «universalismo» de los sesenta y los setenta, ya fuera como llamamiento a la paz mundial o como reiteración de la hegemonía cultural. «Imperio», «internacionalismo», «un solo mundo», «universal»: todos se antojan más bien anhelos y no categorías de tendencias históricas. Anhelos de confinar la Tierra en cierta apariencia de unidad y cierto grado de control, o de concebir el destino humano del planeta como el fruto de una ideología de una única constelación de naciones. La globalización tiene los mismos deseos y anhelos que sus predecesores. También se considera progresista, perfeccionadora, unificadora, utópica y predeterminada desde un punto de vista histórico. En el sentido más limitado del término, equivale a la libre circulación de capitales y a la rápida distribución de datos y productos dentro de un entorno neutral en lo político, determinado por las exigencias de las multinacionales. Sin embargo, sus connotaciones más amplias son menos inocentes, dado que abarcan no solo la demonización de estados sometidos a embargos o la banalización de los señores de la guerra y los políticos corruptos para luego negociar con ellos, sino también el hundimiento de estados nación bajo el peso de la economía, el capital y la mano de obra transnacionales; la supremacía de la cultura y la economía occidentales, y la americanización del mundo desarrollado y en vías de desarrollo mediante la penetración de las culturas estadounidenses en la moda, el cine, la música y la gastronomía de Occidente.

La globalización, aclamada con el mismo vigor que en su día el destino manifiesto, el internacionalismo, etcétera, ha alcanzado cierto nivel de majestuosidad en nuestra imaginación. A pesar de todas sus pretensiones de fomentar la libertad y la igualdad, sus repartos son dignos de un rey. Y es que puede otorgar mucho y negar mucho, en lo relativo al acceso (al cruzar fronteras), en lo referente a la cantidad (el número de personas afectadas positiva o negativamente), en materia de velocidad (la aparición de nuevas tecnologías) y en términos de riqueza (la explotación de recursos limitados solo por la finitud del planeta y de innumerables mercancías y servicios que exportar e importar). No obstante, por mucho que se adore el globalismo como fenómeno casi mesiánico, también se vilipendia como mal instigador de una distopía peligrosa. Nos asusta su menosprecio de las fronteras, de las infraestructuras nacionales, de las burocracias locales, de los censores de internet, de los aranceles, de las leyes y de los idiomas; su indiferencia ante los márgenes y los marginales; sus propiedades extraordinarias y fagocitadoras, que aceleran el borrado, un allanamiento de las diferencias significativas. Sin importar nuestra aversión a la diversidad, imaginamos una imposibilidad de distinción, la eliminación en un futuro cercano de todas las culturas y lenguas minoritarias. O especulamos con horror sobre lo que podría ser la alteración irrevocable y debilitadora de lenguas y culturas más destacadas ante el paso de la globalización.

Entre los muchos motivos y justificaciones de los grandes movimientos de población, el más destacado es la guerra. Se calcula que, cuando se conozcan las cifras definitivas de desplazados —de quienes huyen de la persecución, el conflicto y la violencia generalizada en el mundo actual (incluidos los refugiados, los solicitantes de asilo y los desplazados internos)—, el total superará ampliamente los sesenta millones. Sesenta millones. Y la mitad de los refugiados son niños. No conozco las cifras de fallecidos.

Aunque nuestros peores miedos sobre el futuro no se manifiesten por completo, lo cierto es que anulan las garantías de que la globalización vaya a traer una vida mejor y ofrecen advertencias alarmantes frente a una muerte cultural prematura.

Una vez más me gustaría recurrir a la literatura para comentar el azote (el veneno) de la condición de extranjero. Más en concreto, quiero detenerme en una novela escrita en los años cincuenta por un autor guineano como forma de abordar el siguiente dilema: la difuminación del interior y el exterior que puede consagrar límites y fronteras (reales, metafóricas y psicológicas) mientras forcejeamos con definiciones de nación, Estado y ciudadanía y con los problemas prolongados del racismo y las relaciones raciales, a lo que se suma el llamado «choque de culturas», en nuestra búsqueda de la pertenencia.

Los escritores africanos y afroamericanos no son los únicos que asumen esos problemas, pero destacan por su historia larga y singular de resistencia ante ellos. De no sentirse en casa en su propia patria, de estar exiliados en el lugar que les corresponde.

Antes de adentrarme en la novela en cuestión, me gustaría contar una anécdota de mi infancia que es muy anterior a mi lectura de literatura africana, pero que, sin embargo, forzó mi incursión en lo que dificulta las definiciones contemporáneas de lo extranjero.

Los domingos se pasaban por los bancos de la iglesia, a modo de cepillo, unas bandejas forradas de terciopelo. La de los últimos bancos era la más pequeña y la que tenía más posibilidades de quedar vacía. Su ubicación y su tamaño reflejaban las expectativas leales pero restringidas que lo caracterizaban prácticamente todo en los años treinta. Las monedas, nunca billetes, que salpicaban aquella bandeja procedían en su mayoría de niños a los que se animaba a donar uno o cinco centavos para las obras de beneficencia tan necesarias para la redención, la salvación, de África. Si bien aquella palabra, «África», resultaba hermosa, cargaba con el peso de las complejas emociones a las que se la vinculaba. A diferencia de China, donde también se pasaba hambre, África era nuestra a la vez que suya, tenía un vínculo íntimo con nosotros y era profundamente extranjera. Era una madre patria enorme y necesitada a la que, según nos decían, pertenecíamos, pero que ninguno de nosotros había visto ni tenía ganas de ver, habitada por gente con la que manteníamos una relación difícil de desconocimiento y desdén mutuos, y con la que compartíamos una mitología de otredad pasiva y traumatizada, cultivada por los libros de texto, el cine, los dibujos animados y los insultos hostiles que los niños aprenden a adorar.

Más adelante, cuando empecé a leer literatura ambientada en África, descubrí que, con escasas excepciones, todos los relatos sucesivos desarrollaban y realzaban la mismísima mitología que acompañaba aquellas bandejas de terciopelo que pasaban flotando entre los bancos. Para Joyce Cary, Elspeth Huxley o H. Rider Haggard, África era precisamente lo que daba a entender la colecta misionera: un continente oscuro con una necesidad desesperada de luz. La de la cristiandad, la civilización, el desarrollo. La luz de la caridad encendida a golpe de simple generosidad. Era una concepción de África cargada de suposiciones de una intimidad compleja asociada al reconocimiento de un alejamiento sin mediación. El enigma de la alienación de la población local por parte de «ancianos» paternalistacoloniales, el desahucio de los hablantes nativos de su patria y el exilio de los pueblos indígenas dentro de su propia casa aportaban a esos relatos un aire surrealista e incitaban a los escritores a proyectar un África metafísicamente nula, lista para que alguien la inventara. Con una o dos excepciones, el África literaria fue un terreno de juego inagotable para turistas y extranjeros. En las obras de Joseph Conrad, Isak Dinesen, Saul Bellow y Ernest Hemingway, daba igual que estuvieran imbuidas de la perspectiva convencional de Occidente sobre un África sumida en la ignorancia o que lucharan contra ella, los protagonistas se encontraban el segundo continente más extenso del mundo tan vacío como aquella bandeja forrada de terciopelo; un recipiente a la espera del cobre y la plata que la imaginación tuviera a bien echar en su interior. Como leña para fuegos occidentales, complacientemente muda, convenientemente virgen e indiscutiblemente extranjera, África podía moldearse para satisfacer una amplia variedad de exigencias literarias e ideológicas. Podía recular para servir de escenario a cualquier hazaña o dar un gran paso adelante e implicarse en las tribulaciones de cualquier extranjero; podía retorcerse para dar lugar a formas perversas y aterradoras en las que los occidentales contemplaran el mal, o también postrarse de hinojos y aceptar lecciones elementales de sus superiores. Para quienes emprendían ese viaje literal o imaginario, el contacto con África ofrecía oportunidades emocionantes de experimentar la vida en su estado primitivo, de formación, rudimentario, lo cual conducía a conocerse mejor a uno mismo, una sabiduría que confirmaba las ventajas del derecho de propiedad europeo sin la responsabilidad de tener que reunir demasiada información real sobre ninguna cultura africana. Bastaba con algo de geografía, mucho de climatología y un puñado de costumbres y anécdotas como lienzo en el que pintar el retrato de un yo más sabio, más triste o completamente reconciliado. En las novelas occidentales publicadas a lo largo de los años cincuenta, África podría haberse llamado «el extranjero», como el libro de Albert Camus, siempre ofreciendo una oportunidad de conocimiento, pero manteniendo intacta su naturaleza incognoscible. En *El corazón de las tinieblas* de Conrad, Marlowe describe el continente como un «espacio en blanco en un mapa [...] sobre el que un niño podía tejer magníficos sueños», un extenso territorio que posteriormente se había llenado de «ríos, lagos y nombres y había dejado de ser un misterioso y precioso espacio en blanco. [...] Se había convertido en un lugar de tinieblas».* Lo poco que podía saberse era enigmático, repugnante o irremisiblemente contradictorio. El África imaginaria era un cuerno de la abundancia rebosante de imponderables que, como el monstruoso

---

* Joseph Conrad, *El corazón de las tinieblas*, traducción de Miguel Temprano García, Barcelona, Literatura Random House, 2015, p. 33. *(N. del T.)*

Gréndel de *Beowulf*, frustraba toda explicación. En consecuencia, esa literatura ofrece una plétora de metáforas incompatibles. Como epicentro original de la raza humana, África es muy antigua, si bien, al estar bajo control colonial, también es infantil. Una especie de feto viejo siempre a la espera de nacer que desconcierta a todas las comadronas. En una novela tras otra, en un cuento tras otro, África es a un tiempo inocente y corrupta, salvaje y pura, irracional y sabia.

En ese contexto literario racialmente cargado, el descubrimiento de *Le Regard du roi* de Camara Laye resultó sobrecogedor. De repente, alguien reinventaba el viaje estereotipado a las tinieblas africanas de cuento de hadas, ya fuera para llevar luz o para buscarla reimaginada. La novela no solo recurre a un vocabulario imagista complejo y netamente africano con el fin de emprender una negociación discursiva con Occidente, sino que también explota las imágenes de caos e infantilismo que el conquistador impone a la población indígena: el desorden social descrito en *Míster Johnson* de Joyce Cary, la obsesión por los olores que encontramos en *Los flamboyanes de Thika* de Elspeth Huxley y la fijación europea con el significado de la desnudez que vemos en las novelas de H. Rider Haggard, en la narrativa de Joseph Conrad o en prácticamente toda la literatura de viajes occidental. Un cuerpo sin vestir o poco vestido solo podía ser reflejo de inocencia infantil o erotismo indisciplinado, jamás del voyerismo del observador.

El argumento de la obra de Camara Laye es, en pocas palabras, el siguiente: Clarence, un europeo, se ha trasladado a África por motivos que es incapaz de expresar. Desde su llegada, ha jugado, ha perdido y ha contraído deudas cuantiosas con sus compatriotas blancos. Ahora se esconde entre la población indígena en una posada cochambrosa. Ya lo han echado del hotel de los colonialistas y el posadero africano también está a punto de expulsarlo. Entonces Clarence se da cuenta de que la solución a su miseria es explotar su condición de blanco, su europeidad, y entrar al servicio del rey, sin responder a pregunta alguna ni saber hacer nada. Una densa multitud de aldeanos le impide acercarse al monarca y su propósito se recibe con desdén. Conoce a una pareja de adolescentes alborotadores y a un mendigo astuto que acceden a echarle una mano. Siguiendo sus consejos, se dirige al sur, donde se espera que vuelva a aparecer el rey. El viaje de Clarence, que no difiere demasiado de una peregrinación, permite a Camara Laye exponer y parodiar las sensibilidades paralelas de Europa y África.

Los tropos literarios de África a los que recurre son réplicas exactas de percepciones de la condición de extranjero: 1) la amenaza, 2) la depravación, y 3) la incomprensibilidad. Y resulta fascinante observar su diestro manejo de esas percepciones.

La amenaza. Clarence, el protagonista de Camara Laye, está aturdido por el miedo. A pesar de que señala que «las abundantes palmeras» están «destinadas [...] a la industria vinícola», el campo está «magníficamente ordenado» y la gente que vive en él le brinda «un buen recibimiento», ve tan solo inaccesibilidad, «hostilidad compartida», un vértigo de túneles y senderos bloqueados por arbustos espinosos. El orden y la claridad del paisaje no casan con la jungla amenazadora que tiene en la cabeza.

La depravación. Es Clarence quien sucumbe a la depravación al representar todo el horror de lo que los occidentales se imaginan como «la adopción del modo de vida indígena», el «sopor repugnante» que pone en peligro la masculinidad. Su disfrute flagrante de la cohabitación continuada y la sumisión con la que reaccionan las mujeres reflejan los apetitos de Clarence y su ignorancia deliberada. Con el tiempo, cuando los niños mulatos van llenando la aldea, Clarence, el único blanco de la zona, sigue preguntándose de dónde han salido. Se niega a creer lo evidente: que lo han vendido como semental para el harén.

La incomprensibilidad. El África de Camara Laye no es oscura, está bañada de luz: la luz verde y acuosa del bosque, los matices rojo rubí de las casas y el terreno, el azul «insoportable» del cielo e incluso las escamas de las mujeres pez, que cabrillean «como túnicas de luna». Comprender los motivos, las sensibilidades diversas de los africanos (tanto los malvados como los benévolos) tan solo requiere dejar en suspenso la creencia en una diferencia insalvable entre seres humanos.

La novela, que descifra el lenguaje renqueante de la usurpación de una patria por parte del extranjero, de la deslegitimación del indígena, de la inversión de las demandas de pertenencia, nos permite vivir la experiencia de un blanco que emigra a África, solo, sin trabajo, sin autoridad, sin recursos e incluso sin apellido. No obstante, Clarence cuenta con una baza que siempre surte efecto en los países del Tercer Mundo, que no puede dejar de surtir efecto. Es blanco, dice, y, en consecuencia, válido por algún motivo inefable para ser consejero del rey, al que jamás ha visto, en un país que no conoce, entre gente a la que no comprende ni desea comprender. Lo que empieza como la búsqueda de una posición de autoridad, como la huida del desdén de sus compatriotas, acaba siendo un intenso proceso de reeducación. Lo que se considera inteligencia entre esos africanos no es el prejuicio, sino el matiz y la capacidad y la voluntad de ver, de suponer. El rechazo del europeo a reflexionar coherentemente sobre hecho alguno, excepción hecha de los que atañen a su bienestar o su supervivencia, lo condena. Cuando por fin se abre camino la comprensión, lo deja destrozado. Esa investigación ficticia sobre las percepciones limitadas de una cultura nos permite contemplar la desracialización de la experiencia de África que vive un occidental sin apoyo, protección ni consignas de Europa. Nos permite redescubrir o imaginar de nuevo lo que supone ser marginal, ninguneado, superfluo, extranjero; no oír nunca pronunciar el propio nombre; verse despojado de historia o representación; ser mano de obra vendida o explotada para beneficio de una familia dominante, un empresario astuto, un régimen local. En otras palabras, convertirse en un esclavo negro.

Es un encuentro perturbador que puede ayudarnos a afrontar las presiones y las fuerzas desestabilizadoras del recorrido transmundial de los pueblos, presiones que pueden hacer que nos aferremos como posesos a nuestra cultura, a nuestra lengua, y descartemos las de los demás; que clasifiquemos el mal según la moda del momento; que legislemos, expulsemos, adecuemos, depuremos y juremos lealtad a los fantasmas y a la fantasía. Y, sobre todo, esas presiones pueden empujarnos a negar al extranjero que llevamos dentro y a oponer férrea resistencia a la condición universal de la humanidad.

Después de muchas tribulaciones, la luz acaba por aflorar poco a poco en el europeo de Camara Laye. Clarence hace realidad el deseo de conocer al rey, pero a esas alturas tanto él como su objetivo han cambiado. En contra del consejo de la gente de la zona, se arrastra desnudo hasta el trono y finalmente ve al soberano, que no es más que un niño cubierto de oro. El «vacío aterrador» que hay en su interior (el vacío que lo ha protegido de la revelación) se abre para recibir la mirada real. Y esa apertura, ese desmoronamiento del blindaje cultural mantenido por miedo, ese acto de valor sin precedentes, es el principio de la salvación de Clarence. Su éxtasis y su libertad. El niño rey lo estrecha entre sus brazos y, así acogido, sintiendo el latido del joven corazón del monarca, Clarence lo oye murmurar estas palabras exquisitas de auténtica pertenencia, palabras que le dan la bienvenida a la raza humana: «¿Acaso no sabías que te esperaba?».

Agradecimientos

Recibí con satisfacción la invitación de pronunciar las Conferencias Norton de 2016 en la Universidad de Harvard. Doy las gracias a la Comisión Norton: Homi Bhabha, Haden Guest, Sylvaine Guyot, Robb Moss, Richard Peña, Eric Rentschler, Diana Sorensen, David Wang y Nicholas Watson.

También quiero hacer llegar mi gratitud sincera a quienes presentaron las charlas: Homi Bhabha, David Carrasco, Claire Messud, Henry Louis Gates, Jr., Evelynn M. Hammonds y Diana Sorensen.

Asimismo, deseo reconocer el trabajo del personal del Mahindra Humanities Center, y en especial el de John Kulka, de Harvard University Press, por su atenta orientación. Por último, quiero dar las gracias a mi ayudante, René Boatman, por su colaboración en la revisión y la documentación de esta obra.

Índice

Prólogo, por Ta-Nehisi Coates   7

1. Idealizar la esclavitud   17
2. Ser el forastero o convertirse en el forastero   33
3. El fetichismo del color   51
4. Las configuraciones de la negritud   65
5. Narrar al Otro   83
6. La patria del extranjero   97

Agradecimientos   115